BIBLIOTECA antagon!sta

05

EDITORA ÂYINÉ

Belo Horizonte | Veneza

DIRETOR EDITORIAL
Pedro Fonseca

COORDENAÇÃO EDITORIAL
André Bezamat

CONSELHEIRO EDITORIAL
Simone Cristoforetti

PRODUÇÃO EDITORIAL
Fábio Saldanha

EDITORA ÂYINÉ
Praça Carlos Chagas, 49 2° andar
CEP 30170-140 Belo Horizonte
+55 (31) 32914164
www.ayine.com.br
info@ayine.com.br

PAUL VALÉRY

MAUS PENSAMENTOS
&
OUTROS

TRADUÇÃO **Pedro Sette-Câmara**
PREPARAÇÃO **Maria Fernanda Alvares**
REVISÃO **Eduardo H. Kobayashi**

TÍTULO ORIGINAL:

MAUVAISES PENSÉES ET AUTRES

© 2016 EDITORA ÂYINÉ

IMAGEM DA CAPA: **Julia Geiser**
PROJETO GRÁFICO: **Estúdio Âyiné**

SUMÁRIO

Maus pensamentos & outros **15**

A

Não se esqueça de que toda mente é moldada pelas experiências mais banais. Dizer que um fato é *banal* é dizer que é um daqueles que mais concorreram para a formação das tuas ideias essenciais. Ele entra na composição da tua substância mental mais do que 99% das imagens e das impressões sem valor. E acrescenta que as vistas estranhas, os pensamentos novos e singulares tiram todo seu valor desse fundo vulgar que os ressalta.

*

A origem da «razão», ou da noção de razão, é talvez a *transação*. É certo que é necessário transigir, ora com a «Lógica», ora com o instinto ou a intuição; ora com os fatos. Tenta, portanto, todas as vezes que a palavra *Razão* vier a ti, ou de ti mesmo ou de outros, trocá-la por «*transação*». Assim, acaba-se a deusa…

*

Há em nós certezas inexplicáveis e dúvidas sem causa, o que produz místicos e filósofos. Como nada consegue explicar as primeiras nem justificar as segundas, somos levados a pensar que, em um milhão de homens, dúvidas e certezas estão distribuídas como «ao acaso»…

*

O objeto próprio, único e perpétuo do pensamento é: *aquilo que não existe.*
Aquilo que não está diante de mim; aquilo que foi; aquilo que será; aquilo que é possível; aquilo que é impossível.
Às vezes esse pensamento tende a realizar, a *elevar* ao verdadeiro aquilo que não existe; e às vezes a tornar falso aquilo que existe.

*

Todo pensamento é uma exceção a uma regra geral que é: não pensar.

*

O pensamento talvez seja apenas uma peculiaridade que a natureza oferece a uma espécie, do mesmo modo que ela produz aqueles chifres de ruminantes raros ou desaparecidos que podem ser vistos nos museus: armas ou enfeites tão curiosamente extensos, encaracolados ou espiralados, ou tão frondosos que chegam a ser mais incômodos do que inúteis ao animal que coroam.

Não? Por que não? Nossa cabeça está carregada de questões e de ideias enredadas na floresta dos fatos, e ela nos mantém embaraçados, orgulhosos de estar assim, condenados a bramir poemas e hipóteses – orgulhosos e desesperados.

*

O aguilhão de cada vida intelectual é a convicção do fracasso, ou do aborto, ou da insuficiência das vidas intelectuais anteriores.

*

Notei que, entre os partidários e os adversários de uma tese qualquer (e que por ela são unidos), a grande maioria se compõe de pessoas que não a conhecem realmente.

Também reparei que aquilo que chamamos de «convicção» não passa da falsa atitude enérgica exigida pela consistência frágil própria de uma opinião. Toda a força colocada na forma – mesmo interior – é sinal de dúvidas voluntariamente reprimidas.

Enfim, quando se diz que uma teoria «consegue se sustentar», não se está dizendo que ela precisa de *alguém* que a sustente? Por si própria, ela cai, e que caia.

*

Julga as inteligências observando para onde elas se inclinam. Algumas que se apresentam como grandes só levam seu homem ao vazio. Se seus pensamentos se desenvolvessem, elas morreriam de inanição. É preciso compreender que as ideias só possuem valor transitivo. Uma ideia só vale pela expectativa que instiga e pelas chances que traz de uma perfeição maior de nosso ser, que reagirá sobre ela, e levará ela própria a um estado superior de simplicidade, de riqueza e de esperança.

É por isso que não se deve construir sistemas. Um sistema é uma parada. É uma desistência. Parar numa ideia é parar sobre um plano inclinado, é um falso equilíbrio. Não existe ideia que tenha seu fim em si mesma e que interdite ou absorva todo desenvolvimento ou toda resposta ulterior. Essa parada sobre um plano inclinado deve-se portanto a alguma resistência passiva. Por exemplo, a grande satisfação que se tem ao encontrar certa solução ou certa fórmula, e que seduz a deter-se nela, a fixá-la, a torná-la pública, é uma *resistência* desse tipo, assim como seriam o cansaço ou qualquer outra causa alheia ao pensamento por ela interrompido.

*

Toda filosofia poderia ser reduzida a procurar laboriosamente aquilo mesmo que se sabe naturalmente. Ou a isto: descobrir, por meditações e confrontos que aquilo que se enxerga no espelho e aquele que o mira têm algumas propriedades comuns ou indivisas.

Buscar alguma coisa pode ter uma importância maior do que trazer prazer ou dor, bem-estar ou incômodo?

*

Que todos os sistemas terminam em mentiras, não há dúvida. O contrário seria impossível, e não natural. Quanto a seus começos, pode-se discutir sua boa-fé.

*

FALSOS FILÓSOFOS

Aqueles engendrados pelo ensino da filosofia, pelos programas. Nestes, eles aprendem problemas que não teriam inventado e que não sentem. E eles os aprendem *todos*!

Os verdadeiros problemas dos verdadeiros filósofos são aqueles que atormentam e que tornam a vida incômoda. O que não quer dizer que eles não sejam absurdos. Porém, ao menos esses nascem em vida – e são verdadeiros como as sensações.

*

O primeiro movimento de uns é consultar os livros;
O primeiro movimento de outros é olhar as coisas.

*

PERGUNTAS DA CRIANÇA QUE É O FILÓSOFO

A *pergunta* do filósofo, uma vez despojada de formas solenes ou severas, é sempre *infantil*: quem interroga sem necessidade é criança, perde a majestade do tigre resignado a ser magnificamente aquilo que é, do jeito que é, quem quer que seja, ou a simplicidade e a impessoalidade do carneiro em seu rebanho.

Estando os animais todos reunidos no Homem, e o Homem, como construído por assinatura de toda a Zoologia, com algumas contribuições da Botânica e dos Minerais (*duro*, *flexível* etc.), é um zoológico: e nele há macacos e pegas, misturados com felinos, com carneiros etc.

Interrogante, ele é um animal curioso: o que, numa criança de três anos, vê-se de maneira encantadora. E é fácil reencontrar essa criança no *pensador*, em

Pascal, por exemplo.

Quanto às perguntas mesmas e às «respostas», seria instrutivo e divertido arrumar a mesa.

A ingenuidade resulta do fato de que fazemos perguntas suscitadas pela analogia, às vezes «genial» (Lua = maçã).

*

Os céticos são – têm de ser – políticos do pensamento. Existe uma política do pensamento, um misto de nem confiar completamente nela e mesmo assim levá-la até o fim.

Nem derrapar, nem atolar.

*

Negar A é mostrar A atrás de uma grade.

*

«Pensadores». Supondo que pensadores servem para alguma coisa, seria possível considerá-los máquinas de efetuar o maior número possível de combinações ideais, seja sob a forma de «definições», seja de aproximações que a prática não oferece.

*

«*Esprit de finesse*», «*esprit de géometrie*», todas as tolices que essas palavras levaram a falar...
Nisso há o vício de todas as expressões a que é preciso dar um sentido antes de considerar sua aplicação. Mas aí já é tarde demais...
Melhor: para que a comparação dos dois «espíritos» tenha ela mesma sentido, é preciso imaginar que eles funcionam entre um estado inicial e um estado final considerados idênticos. É preciso que seu trabalho tenha o mesmo objeto; as mesmas impressões ou as mesmas noções sobre as quais concordam no ponto de partida...
Do contrário, é como se fossem animais de espécies totalmente distintas: um voa, o outro nada; eles não veem as mesmas coisas, não se encontram nunca, só podem ignorar-se, e até mesmo excluir-se.

*

Faz-se necessariamente obscuro aquele que sente muito profundamente as coisas e que se sente em íntima união com essas coisas mesmas.

A clareza afinal acaba a alguns côvados da superfície.

Sentir muito profundamente a presença virtual, as conexões infinitas, o conjunto das possibilidades da linguagem transforma *o pensamento do pensamento*, impõe a todo pensamento que surge liberdades e exigências totalmente diversas daquelas do trato comum dos pensamentos.

Assim é no verdadeiro atleta: o menor ato que ele faça, útil ou não, é para ele um elemento, um aspecto, um problema pelo qual toda sua faculdade de organização motora pode interessar-se, e que ela pode modificar ou reduzir ao exercer-se.

Acontece, porém, que os terceiros bestificam-se, zangam-se ou riem diante da aparência que a aparência assume quando obrigada a servir alguma profundidade.

*

A *razão*, a *sabedoria*, a *verdade* etc. são divindades populares – de utilidade pública –, os ídolos da conformidade 1º às coisas, 2º à *opinião*.

Há também divindades inferiores: a *moda*, o *senso comum*, o *gosto*.

*

ERA UMA VEZ...

O universo era um Todo, e tinha um centro.
Não há mais Todo nem centro.
Porém, continuamos falando em Universo.

*

Tremei, humanos, diante de qualquer assunto. Considerai que tendes opiniões, convicções, ideias claras – mas considerai tudo aquilo que jamais considerastes no domínio das coisas mesmas sobre as quais mais refletistes.

Temei aquilo que poderíeis ter pensado, aquilo que talvez pensareis, e jamais pensastes, e que pode iluminar lateralmente a ideia de que sois cativos, que vos parece a única e a boa, e que dali a um instante será considerada ingênua.

*

As concepções agradam pelo que têm de *falso*, pois agradam pela simplicidade, pela continuidade, pela necessidade, pela simetria, pela *surpresa*, coisas essas que, sendo mais do que ajustadas ao homem, demasiado humanas, o homem as coloca onde pode.
Seria necessário talvez conhecer o «real» na ausência desses atributos sedutores, na impossibilidade de introduzi-los, diante da revelação da vaidade ou da ingenuidade de sua aplicação? Compreender que uma coisa «compreendida» é uma coisa falsificada. Nada mostra isso melhor do que as tentativas de compreender efetuadas sobre esse real absolutamente cru que nos é oferecido pela pura sensibilidade: por exemplo, as «explicações» forjadas pela dor. E por que seis ou sete cores distintas, e não mais ou menos?

*

A maioria ignora aquilo que não tem nome; e a maioria crê na existência de tudo que tem nome.
As coisas mais simples e as mais importantes não têm

todas um nome. Quanto àquelas que não são sensíveis, uma dúzia de palavras vagas como *ideia, pensamento, inteligência, natureza, memória, acaso*… servem-nos como podem: elas também engendram, ou sustentam, outra dúzia de problemas que não são problemas.

*

Convenções. Umas fazem com que aquilo que não existe exista, e outras, que aquilo que existe não exista. As segundas, porém, mais raras e mais penosas do que as primeiras.
Assim, é mais fácil fazer crescer o mundo exterior, acrescentar-lhe seres e relações, do que negá-lo. Mais fácil crer que existem coisas além das paredes do meu quarto do que negar meu quarto, fechando os olhos.

*

Em certas matérias, quanto mais um livro a respeito delas é límpido, e as expõe em linhas simples – mais enganoso é. Essas qualidades, afinal, só são obtidas às

custas de alguma coisa. A física teórica diz que sacrifica o real imediato. A história não pode dizê-lo, e nem o sabe exatamente – e *nada pode saber dele*.
Quanto aos sistemas de filosofia, eles admitem, em geral, como dados, um monte de noções que, pelo contrário, seria preferível que tomassem por enigmas (da linguagem), e por meio das quais questionam outras noções que só o labor torna misteriosas.
Por exemplo, a palavra SE, pequena e imensa *conjunção*.

*

O Homem difere do Animal *por acesso*. E estes são *acessos de indeterminação*. Então ele pensa: EU PENSO.
O animal, colocado na situação *crítica*, que é aquela em que seus automatismos de ação lhe faltam, tende ao pensamento.
Se hesita entre duas vias, o cão de caça volta-se para o Homem. «PENSE»... parece dizer-lhe, «É VOCÊ QUE FAZ ISSO».

*

O olho percorre os objetos e as palavras, mais ou menos carregado de vigília e de inteligência; mais ou menos *armado* de *sensibilidade* espiritual; tornando as coisas mais ou menos iguais ou diferentes perante a inteligência; colocando acidentalmente aqui ou ali uma interrupção, um ponto de interrogação... E, às vezes, ali mesmo onde jamais *se* cogitara que houvesse interrupção possível, resistência, dificuldade...

*

Pode-se imaginar que toda ideia é dotada de uma ideia conexa que a *conota* – uma ficha em que sua idade (evolutiva), sua relação com o presente, sua relação com o real, seu valor de uso etc., estão mais ou menos inscritos –, mas inscritos numa linguagem da sensibilidade e do ato.
Sinais obrigatórios, sinais executórios, sinais retardatários, sinais instantâneos (como aqueles que marcam a relação possível da ideia com o estado ou com as necessidades atuais).

*

No cérebro há compartimentos com inscrições:
A estudar no dia favorável. – Nunca mais pensar nisso. – Inútil aprofundar. – Conteúdo não examinado. – Questão sem saída. – Tesouro conhecido e que só poderia ser criticado numa segunda existência. – Urgente. – Perigoso. – Delicado. – Impossível. – Abandonado. – Reservado. – Para os outros! – Meu forte. – Difícil etc.

*

A imensa maioria de nossas percepções e pensamentos não tem consequências. Aquelas que contam são distinguidas e tiradas do conjunto ou por nosso corpo ou por nossos semelhantes. Nosso papel mesmo é dos mais modestos.

*

O absurdo e seu contrário participam das mesmas forças. A natureza verte um *quantum*, e a ela é indiferente que nós o despendamos (ou quem se despenda) em tolices ou em milagres da inteligência.

*

Nossa alma é feita de uma desordem, *mais* uma necessidade de colocar em ordem.

*

DIXIT DOMINUS DOMINO MEO

A minha alma pensa em minha alma que é sua igual – em sua igual que é sua essência. Sua essência é diferença do mesmo ao mesmo.
Aquilo que advém é *alma* enquanto recebida por aquela que dá, absorvida por quem a produz, e experimentada por quem a causa.

*

Não se percebe em que poderia pensar um deus?
E se criar for pouco para ele...

*

ESPÍRITO

Um homem tem espírito quando manifesta certa independência em relação à expectativa comum. Ele produz uma surpresa; e uma surpresa que faz com que naquele instante ele pareça mais livre, mais rápido, mais perspicaz do que seus semelhantes. Eles ficam atônitos e um pouco escandalizados, como ficaria um bando de quadrúpedes por ver sair voando do meio deles, e acima dos muros em que julgam estar encerrados, um dentre eles, que, secretamente, tinha asas.

*

Sabe Deus a que operações se dedica «o espírito» em sua caverna?

*

Tudo se compõe, se combina, se substitui, se compensa, se mistura e se desmistura, e isso é o Espírito.

*

A sabedoria é o conhecimento enquanto moderador de todas as coisas, e particularmente ela própria.
Ela pertence a certo tipo de homens, cujo rosto se notabiliza pela simetria e pelas bochechas lisas.

*

O Sábio enfim me diz, depois de ter falado comigo trinta horas sem parar e me instruído quanto a tudo o que é preciso saber:
«Resumo a doutrina para ti. Ela está contida em dois preceitos: Todas as diferenças são idênticas.
«Todas as coisas idênticas são diferentes.
«Fica indo e vindo entre essas duas proposições no teu espírito, e verás, antes de tudo, que elas não são contraditórias; em seguida, que o pensamento só pode formar uma ou outra, e passar de uma à outra. Há um tempo para uma e um tempo para a outra, e quem pensa uma pensará a outra. Isso é tudo».

*

«Espírito forte» e «livre pensamento» tornaram-se tolices.

*

Fico pensando…
Será isso tão diferente daquela prática que consistia (e ainda consiste) em consultar os «espíritos»?
Esperar diante de uma mesa, de um jogo de cartas, de um ídolo, de uma pitonisa que dorme e geme ou daquilo que chamamos de «si mesmo»…

*

Às vezes a tolice, às vezes a potência do espírito, obstinam-se contra o fato.

*

«O espírito» faz de nada alguma coisa, e faz de alguma coisa nada.
Ele acrescenta algo à existência e algo corta dela. Para ele, o mais difícil é abster-se.

*

Continuar, perseguir alguma coisa, é lutar contra tudo. O universo faz tudo o que pode para impedir uma ideia infeliz de chegar a seu termo.

*

É preciso, de algum jeito, *honrar*, *considerar* as dificuldades que se apresentam.
Uma dificuldade é uma luz. Uma dificuldade insuperável é um sol.

*

Todos os espíritos funcionam entre *demência* e *imbecilidade* (*valores ilusórios* e *valores débeis*), e todos, ao longo de um dia inteiro, roçam esses extremos.

*

É preciso aprender a não acreditar em nosso pensamento porque é *nosso* pensamento.
É preciso, pelo contrário, contê-lo e tratá-lo com gran-

de desconfiança, porque é *nosso* pensamento.

«*Nosso*» – ficou bem claro?

Nosso, porque nos vem de uma voz que temos dificuldade para distinguir e para guardar, *a mais obscura das vozes*.

Nosso, isto é, ligado a alguém que ousa tudo, que se permite tudo conosco, a pretexto de que está *em nós*.

*

O perseguido que *explica* suas vozes pela presença de seus inimigos numa galeria que eles escavam sob seus passos;

O sedento que tem alucinações com bebidas;

O primitivo que *explica* o eclipse a partir de um monstro inimigo do Sol – vão pelo caminho mais curto. Igualmente o sonhador, e igualmente todo homem *num primeiro momento*.

A invenção imediata é um caminho mais curto, por mais complicada que seja; e ela é um primeiro tempo do espírito. Ela não lhe custa nada.

É por isso que «*No princípio era a Fábula*», o que deve ser entendido assim: chamamos de *Fábula* todo come-

ço: origens, cosmogonias, mitologias...
Nada mais notável do que a ingenuidade e a pouca variedade testemunhada pelos diversos sistemas que nos ensinam ou a formação do «mundo» ou a produção da vida. Se fosse feito um quadro de algumas combinações imaginativas muito antigas ou recentes que pretendem instruir-nos sobre aquilo que aconteceu antes de todas as coisas, nele veríamos o trabalho inocente do *Por que* e do *Como*, e a maneira como esses instrumentos absolutamente humanos fazem sair do espírito dos homens respostas e soluções que são apenas complementos e manobras do incompleto – e nada mais.
– E é assim que TUDO SE EXPLICA...

*

Ah! Se tu pudesses distinguir todas as besteiras que num espírito acabam por produzir coisas belíssimas e todas as coisas belas que entram na composição de uma besteira ou de outra!

*

Esse absurdo que você diz, amigo, é para você, sem dúvida, uma evidência luminosa. Seu espírito segue livremente o curso dessas palavras que dispensam do cansaço. Você tem confiança, temo, na facilidade dessas razões que falam tão rápido e tão bem ao lugar mesmo do seu pensamento, e você toma da sua boca aquilo que ela acaba de dizer e de informá-lo, para repeti-lo com a força absolutamente nova do seu maravilhamento consigo mesmo.

Meu amigo, é o seu funcionamento que o encanta. Não há nem resistências nem atritos na máquina das suas trocas. Talvez porque ela trabalhe vazia… o que lhe é permitido pela linguagem.

*

SE

Se o homem pudesse suprimir-se tão fácil e imediatamente quanto fecha os olhos…

Se as coisas se tornassem aquilo que queremos no mesmo instante, logo teríamos tanto medo de querer quanto de entrar no fogo.

*

«Pensamento profundo» é um pensamento que tem a mesma força que um golpe num gongo num salão abobadado. Ele faz com que sejam sentidos os *volumes* em que devem estar as coisas que não vemos, e que talvez não existam; porém, a importância da ressonância impõem-nas. Se esse salão não fosse *finito*, o golpe dado se perderia sem ressoar: não há portanto nenhum ponto de profundidade que tenha relação com algum «infinito».

*

Aquilo que chamamos de mistério do mundo, de mistério da vida, não é em si mais profundo do que a impotência dos olhos em ver as costas de seu homem.
A nuca é um mistério para o olho.
Como o homem sem espelho imaginaria seu rosto? E como imaginar o interior do corpo, se ignoramos a anatomia?
Se a conhecemos, a intimidade do trabalho desses órgãos nos escapa na medida em que carecemos daquilo

que seria necessário para vê-la e concebê-la. Não é ela que foge: ela não recua diante de nós; somos nós que não podemos nos aproximar dela.

Porém, com o termo «mistério» introduzimos a ideia vaga de um segredo que nos seria recusado, de uma intenção, de um pensamento oposto a nosso desejo de saber. Não creio que a Lua se divirta e se empenhe em combinar sua rotação e sua revolução de modo que nunca possamos ver seu outro lado. Isso é assim, mas só. O único mistério é talvez o da nossa curiosidade, que nos envolve em problemas cujo enunciado implica nossa existência e nosso espírito, ao passo que sua solução teria, entre suas consequências, essa própria existência. Cada *Por que* supõe muitas coisas que devemos evitar colocar *depois dele*.

*

FÁBULA

Senhor Cérebro, empoleirado em seu homem,
Levando seu mistério nas pregas...
Esqueci o resto.

*

TENTAÇÃO OU AS RESPOSTAS DE ADÃO

«*Et eritis sicut Dii…*»
– Eu simplesmente não aguento mais, cara Serpente.
«*Bonum malumque scientes…*»
– Preferia saber outra coisa…

*

O pássaro *Metafísica*, expulso de um lugar para o outro, assediado na torre, fugindo da natureza, afligido em seu ninho, espreitado na linguagem, indo esconder-se na morte, nas mesas, na música…

*

O que há no fundo do homem?
Alguns *provérbios*, que acabam por responder tudo, e que são todos tolices.
– Dedução: os pensamentos *profundos* não são do *fundo do homem*; mas de *antes* desse fundo.
«Profundidade» (se é que essa palavra quer dizer algu-

ma coisa) é a qualidade atribuída a um pensamento de modificar «profundamente» a situação percebida até então, os *valores*, os a*tributos* de uma ideia.

B

As literaturas ditas de decadência são sistemáticas. São devidas a homens mais cultos, mais engenhosos e até mais profundos, às vezes, do que os escritores anteriores, de quem eles assinalaram todos os *efeitos* enumeráveis, guardaram, classificaram, concentraram o melhor – na medida em que é possível apreendê-lo e isolá-lo.

Assim, em períodos de tempo curtíssimos, vemos a produção e até a coexistência de obras de aparência muito diferentes, que pareceriam, por seus atributos exteriores, pertencer a épocas muito separadas. Uma é formada por ingenuidades incomparáveis, nunca está errada, é mais infantil do que qualquer criança factível. A outra é obra de um selvagem, ou de um ser caído sabe-se lá de que planeta, ou privado de algum sentido, ou que teve esse sentido ampliado. Esse autor é tão completamente metafórico que é impossível discernir o que ele quer dizer a partir da expressão que ele lhe dá. Sua ideia é uma imagem, e ele justapõe a ela uma imagem dessa imagem tão regularmente que a simetria é absoluta, o sentido é indiscernível do signo. Não sabemos de que lado fica o sentido, de que lado fica o signo...

Esse desenvolvimento de meios deve-se de um lado à experiência adquirida; ao embotamento das sensações literárias; à grande variedade dos livros já acumulados; à consequência desse grande número, que é dar um valor excessivo à novidade e tentar fazer-se ouvir.

A impressão geral é a de uma cacofonia, de uma desordem que leva a pressentir o fim de toda literatura, um julgamento último de toda retórica. A cronologia e a evolução estão em situação catastrófica. Os procedimentos, agora conscientes e reduzidos a operações, permitem formar imediatamente e numa ordem qualquer uma semente, uma folha, uma flor.

– Esses autores tão diversos são infinitamente *vizinhos*. Leram os mesmos livros, os mesmos jornais – estudaram nas mesmas escolas, e geralmente tiveram muitas mulheres...

*

Ver ao mesmo tempo grandes obras e a poeira das pequenas no céu intelectual. Ver coexistir a constelação Egito – e a Hélade, e o Renascimento –, como todos vemos, como permite uma *biblioteca*, um *museu* – uma cabeça erudita – e os vagos clarões das coisas desaparecidas, suspeitadas...
Assim como se vê ao mesmo tempo no firmamento aparências celestes, corpos e grupos, épocas enormemente diferentes... A retina faz contemporâneas todas as coisas.

*

Para certo tipo de amadores, a leitura de poesia nunca passa de um exercício de malevolência.
Deliciados, eles têm certeza de que vão encontrar a besteira, a inadequação, a platitude que as dificuldades da arte colocam em todo poema. Eles sentem o quanto o sucesso contínuo é improvável. Todo poema é necessariamente ou exagerado, ou obscuro, ou ridículo, ou indiferente em algum ponto. É por isso

que os poemas longos são tão vulneráveis; como tudo aquilo que é longo, sem dúvida, mas com mais chances de estragos do que qualquer outro tipo de produção.

*

Na França, os poetas nunca foram levados a sério. Nunca houve na França um poeta nacional. Voltaire quase foi.
Porém, o poeta é o personagem mais vulnerável da criação. De fato, ele caminha sobre as mãos.

*

É impossível pensar – *seriamente* – com palavras como classicismo, romantismo, humanismo, realismo...
Ninguém se inebria nem se satisfaz com os rótulos das garrafas.

*

Uma literatura cujo sistema pode ser percebido está perdida. Ninguém se interessa pelo sistema, e a obra tem tanto valor quanto um exemplo gramatical. Ela só serve para compreender o sistema.

*

A leitura de histórias e de romances serve para matar o tempo de segunda ou terceira qualidade.
O tempo de primeira qualidade não precisa ser morto. É ele que mata todos os livros. Ele engendra alguns.

*

O naturalismo não é uma doutrina determinada e só tem sentido se nos empenhamos em reduzir a zero a personalidade do escritor. Eu só veria vantagens nisso, pois não entendo o que tem a fazer na arte – isto é, no meu prazer ou na minha emoção – aquilo que me faz pensar em algum. Seu dever, que é seu ofício, é desaparecer, ele mesmo, seu rosto, seus amores e suas preocupações. Ignoramos tudo sobre os autores de obras enormes. Shakespeare nunca existiu, e lamento que suas peças estejam associadas a um nome. O *Livro de Jó* não é de ninguém. Nada falseia mais a ideia mais útil e mais profunda que podemos fazer da produção humana do que a mistura de um estado civil, de histórias com mulheres ou outras histórias, com a consideração intrínseca de uma obra. *Aquilo* que faz uma obra não é *aquele* que nela põe seu nome. *Aquilo* que faz uma obra não tem nome.

*

Se um perfumista tivesse adotado a estética «naturalista», que fragrâncias teria engarrafado?

*

O romance enxerga as coisas e os homens exatamente como o olhar ordinário os enxerga. Ele os amplia, os modifica etc. Não os transpassa, nem os transcende.
A «psicologia» dos romancistas não ultrapassa aquilo que pode ser verificado pela observação particular acidental.
O romance exclui o microscópio e o telescópio, o prisma e o polarímetro.

Assim, quando ele almeja o «realismo», almeja limitar-se à observação ingênua e àquilo que a linguagem ordinária permite registrar dessa observação.

Porém, se o leitor se torna difícil, a linguagem ordinária não basta mais para comovê-lo. O realista então busca fazer um *trompe l'oeil* por meio do excesso de «estilo». Goncourt, Huysmans aparecem... Uma linguagem extraordinária é convocada para sugerir objetos ordinários. Ela os metamorfoseia. Um chapéu vira um monstro, que o herói realista, armado com epítetos invencíveis, cavalga e faz saltar do real para a epopeia da aventura estilística.

*

Será preciso ser ingênuo para perceber uma diferença entre um romance realista e um conto de fadas!

*

Hoje diz-se: Napoleão E Stendhal.
Quem teria dito a Napoleão que diríamos Napoleão E Stendhal?

Quem teria dito a Zola, a Daudet, que aquele homem tão amável e tão bem-falante, *Stéphane Mallarmé*, teria, com seus singulares poeminhas bizarros e obscuros, uma influência mais profunda e duradoura do que seus livros, do que suas observações da vida, do «vivido», do «transmitido» em seus romances? Um diamante dura mais do que uma capital e do que uma civilização. A vontade de perfeição visa tornar-se independente dos tempos etc.

*

A ingênua preocupação com a posteridade tinha o efeito de levar a fazer aquilo que não teria sido feito para os homens atuais, por demais conhecidos, e julgados ou medidos. Há esforços e obras de paciência que não nos sentimos capazes de fazer sobre os contemporâneos e sobre sua duração. Era necessária a ilusão de uma perspectiva indefinida, de uma miragem que engendrasse os homens grandíssimos. Muitas coisas em torno deles, que esse olhar acomodado ao fim dos séculos tornava miseravelmente perecíveis, não tinham nenhum espaço em suas combinações súpe-

riores, nem influência em suas obras.
Porém, a precipitação entrou no mundo. Ela matou a posteridade. Com esta, certo «estilo». Quantas obras modernas aliciam, rodam bolsinha.

*

A necessidade do novo é um sinal de fadiga ou de fraqueza de espírito, que exige aquilo que lhe falta.
Pois não existe nada que seja novo.

*

Belo Título para um grande artista: Executor de Obras Sublimes.

*

Condição contrariada do *status* de artista.
Ele deve observar como se ignorasse tudo e deve executar como se soubesse tudo.
Nenhum conhecimento na sensação, mas nenhuma ignorância na transformação.

*

Os Otimistas escrevem mal.

*

X é uma força da natureza.
– O que caracteriza as forças da natureza é o desperdício.

*

Z estabeleceu-se como gênio – no gênio como concebido pelas inteligências vulgares.
Interpela, fulmina, extermina. Passeia a passos largos no pequeno quarto de sua inteligência. Só enxerga seus passos, não a pequenez do quarto.

*

Escritores sonoros – violentos.
Um homem completamente sozinho em seu quarto tocando trombone.

*

Um escrito furioso, carregado de invectivas, como que ébrio de violência e rico em epítetos e em imagens fulminantes, me dá uma vontade invencível de sorrir.
É que não consigo me impedir ver o escritor sentar-se em certa hora à mesa para retomar o fio de sua fúria.

*

HUMANISMO

«O Himalaia me atordoa. A Tempestade me cansa. O Infinito me dá sono. Deus é Demais…»

*

Hugo é milionário. – O que não é ser príncipe.

*

«Era uma Cidade de sonho…»
Não se trata portanto de *arquitetura*.

*

LITERATURA

Nela vemos selvagens que são publicados, lobisomens que corrigem suas provas, dragões cospindo fogo que fazem «serviço editorial»: tudo isso é tão natural quanto suas funções mais naturais.

*

Hoje aquilo que é perfeito retarda.

*

A idade faz com que acabemos podendo escrever coisas atordoantes.

*

Observo em todas as artes, e particularmente na de escrever, que a intenção de provocar algum prazer sucumbe pouco a pouco à de impor certa ideia do autor. Se uma lei estatal tornasse o anonimato obrigatório e que nada pudesse ser publicado com um nome, a literatura seria toda alterada – isso supondo que ela sobrevivesse…

*

APOLOGÉTICA

Eis a que se dedicam os escritos mais importantes:
«Tu não amas aquilo que amas;
«Tu amas aquilo que não amas;
«Tu não é o que é, e reciprocamente».

*

HOMO SCRIPTOR

Olho o mar furioso, e o Dicionário oculto, escondido no *ser de letras*, quer, a cada lance mais belo *jogado* pelas ondas ou pelas nuvens e *ganhado* pelos olhos, disparar uma saraivada de palavras na região sensível em que passa para a luz espiritual aquilo que se faz articular e escrever…
A cada instante, um acontecimento verbal quer responder a um acontecimento físico e visual, e faz passar alguma coisa do tempo qualquer no tempo organizado – o tempo dos atos.

*

Uma ideia adequada que se tenha cansa depois de muito tempo. Sua adequação faz com que ela volte, e essa volta a torna velha e enfadonha. Ela se torna insípida, e, por isso, incita a formação de uma ideia menos adequada, e até falsa, do mesmo objeto; e até muito falsa, mas fresca e viva.

O esposo de uma mulher belíssima, após anos desfrutando dela, acontece de ser inspirado por uma feia. É essa também a história simples de todas as revoluções na arte e, sem dúvida, na política.

C

O homem se aferra àquilo que julga valer.

*

O NOVO-RICO

Este acariciava com a ponta da língua um dente podre, e dizia a si mesmo, ainda surpreso com a sua nova posição, que *o dente* também era digno de honrarias. Ele hesitava entre sua fortuna recente, e sua condição de ontem, e seu ser idêntico – ele dizia: *este* também é ministro ou papa. Essa arnela é de um personagem. Ele não mudou e, no entanto, tudo mudou para mim! Quem, *eu*?, dizia ele à língua e ao dente...

*

INSTANTÂNEO

O ser ansioso, suado, tenso, entra, com a barriga inchada, o coração sofrendo e acelerado, e os olhos fixos num ponto do horizonte; lutando, dividido contra si; a mente lutando com o fôlego e com a pesada presença visceral; o nariz franzido, latejando; o pé bailando no ar para marcar o tempo; dali a pouco, respirando com força como que para reprimir a força intestina que o oprime com um chamado, mais ou menos consciente, às virtudes do ar novo; ora sobrecarregado, ofegante, massa de vida em dificuldade.

E nesse sistema de forças antagonistas em flutuação as ideias ou os sinais de toda natureza mental, suas reações e desenvolvimentos diversos…

E era um homem importante…

*

Nobreza é marcada pelo desembaraço absoluto, combinado com observações rigorosas e inteiramente convencionais.

Liberdade egoísta, acusada mais do que limitada, sobre certos pontos *insignificantes escolhidos*, por obrigações estritas e inadivinháveis (as quais marcam a transmissão).

Tudo aquilo que significa Desigualdade – e hierarquia – mas da maneira mais natural do mundo.
Os falsos nobres são marcados pelo esforço.

*

«A mosca com mãos, sem asas, portadora do nº 10.757 de entrada no catálogo da série 19 das criações terrestres… se gaba… protesta… invoca a posteridade».
Eis como o Arcanjo, em seu relatório ao Senhor, resume as queixas de algum humano.

D

O homem traz sobre as pernas todas as dores possíveis e a suprema volúpia – traz sobre as pernas a morte como um segredo, um tesouro oculto, um penhor certo do fim de todas as coisas – um nada, resumindo o tudo.

*

A ESPERANÇA FUNCIONAL, NORMAL

O homem inconscientemente aposta, quase o tempo todo de sua vida, que não será fulminado nos dez minutos ou dez segundos seguintes. Ele se sente (sem pensar nisso) *certo de viver*, incapaz de morrer nesse tempo tão próximo e tão curto. Ele tem o sentimento de sua própria continuidade, e isso necessariamente. Esse sentimento é tão verdadeiro ou verídico quanto o de um corpo quente que pensaria que não pode de jeito nenhum, por meio nenhum, ser imediatamente resfriado.

*

A ALMA SOLICITANTE

O homem – num lugar alto e a prumo – deve necessariamente cogitar precipitar-se, assim como cogita invencivelmente beber uma taça cheia de um belo líquido colocada diante de si. E assim ele é, a cada instante, *tentado* a unir-se à alma ingênua desse instante, que quer aquilo que vê e que realiza imediatamente aquilo que os objetos presentes pedem.

É a alma *solicitante*. Autoridade dos estados nascentes. O armário fechado pede a mulher de Barba Azul; a maçã, Eva. – Há em nós diversas *esperas* independentes.

*

A CONSIDERAÇÃO MATINAL

O ser, ao despertar, no raiar do dia, ainda é muito pouco aquilo que será por seu nome e pelo refluxo de sua memória. Ele mal é *si*; porém, seu eu natural, universal, ainda simples demais para sentir, para tratar igualmente, e mesmo equitativamente, todas as coisas.

Ele está ainda *antes* de sua desigualdade particular adquirida e apreendida; ainda está fora do mundo, não empenhado, não parte, mas juiz puro. Então a sotia política, a miséria do tempo e das almas, suas próprias opiniões e sua própria faculdade de sofrer, de ser alguém e não algum outro, lhe aparecem em terceiro lugar com esse eu e a manhãzinha, coisas presentes e ainda semiocultas na penumbra.

*

PEQUENO SALMO DA MANHÃ

Minha alma pensa em minha alma.
Minha história me é estrangeira.
Meu nome me surpreende e meu corpo é ideia.
O que fui está com todos os outros.
E não sou nem mesmo o que vou ser.

*

O homem que desperta do sono artificial volta para onde estava. A primeira ideia é a última deixada.
Se os mortos despertassem, despertariam moribundos.

Continue a morrer.

*

SONO

A escuridão desperta o sono.

*

MARE NOSTRUM

Criar para si uma psique de holotúria, reduzida à constatação das trocas, e que tem o horário das marés por Código, Bíblia, discurso sobre o Método.
– Pois se uma anêmona-do-mar pensasse, e se nomeasse *o mar* com o nome de *Deus* (*in quo sumus, vivimus et movemur*), os pensamentos que ela formaria seriam edificantes e dignos dos melhores místicos.
– Tudo isso nada tem de paradoxal. Penso em nosso *verdadeiro meio*, isto é, aquele no qual e às custas do qual vivem nossos sentimentos e nossos pensamentos: é desse *ambiente interior* que se constitui nosso sangue e nossos humores, e cuja transformação periódica em si mesmo, assim como suas flutuações de composição,

são as dominantes de nossa vida. Nesse Oceano de tempestades químicas, de salinidade constante, cuja maré tem nosso coração por astro, banham-se todos os elementos nervosos que são aquilo que somos... *na medida em que nos ignoramos.*

*

HORAS

Este é escurecido pelo fim do dia,
Outro pela aurora.
Há também uma tristeza do pleno meio-dia...
E eu, perto das três, o dia mais belo cruelmente me trespassa a alma. A maturidade de sua força o condena. Toda existência é contemplada nele.
... É algo estranho ao Dia. Estranho, isto é, *estrangeiro*. Estrangeiro ao pensamento, que parece raciocinar, criar, especificar, viver a seu modo sua desordem e sua ordem de pensamento, sem dar atenção a esse enorme relógio de luz que mede aquilo que ela manifesta e manifesta aquilo que mede...
Porém, a marcha do Dia, se não é sentida no exercício

da mente, mesmo assim lhe impõe em segredo uma variação de suas forças – isto é, uma coloração, uma topografia, uma energia, uma avaliação diurnas de suas ideias.
O Dia e o Corpo, duas grandes potências…

*

Misturado às coisas pelos desejos; delas separado pelos desgostos; cada um traz consigo, ausentes todos os próximos, o grupo das ocasiões e ações que poderiam apresentar-se; de atos realizáveis, de atos irrealizáveis, ou melhor, de modificações espontâneas nascentes, dentre as quais umas são, pensando bem, realizáveis, e as outras não; e, entre as primeiras, aqueles que neste instante parecem desejáveis ou indiferentes, e aqueles que repugnam…
Aquilo que não se faz; aquilo que jamais será feito – isso desenha a sua figura. É meu contorno, *contorno em mim*, e *que me faz*, como:
«Não comerei mais esse lixo. – Prefiro morrer! – Nunca eu teria tido essa ideia por conta própria! – Como se pode dormir de costas? Crer nisto? Ler este livro?»

Somos feitos de muitas impossibilidades, dentre as quais muitas não são eternas, e um dia acabamos por dormir de costas...

*

O homem sabe pouco demais sobre si mesmo e só pode saber pouco demais – para que suas confissões, sua «sinceridade» possam nos ensinar qualquer coisa realmente importante, e que não possamos imaginar facilmente.

*

Ser si mesmo!... Mas vale a pena ser si mesmo?

*

O difícil é afastar aquilo que o impede de ser *você mesmo* – sem ao mesmo tempo afastar aquilo que o constrange a sê-lo.

*

Não nos *reconhecemos* em nossas emoções. Nada mais estrangeiro – hostil, até.
Também não nos reconhecemos em nossos melhores momentos.
«Bom demais para ter saído de mim». (Primeiro movimento.)

*

Reconhecemo-nos em nossos hábitos e em nossas manias, assim como numa fotografia (que dataria de alguns anos).

*

O MORTO-VIVO

Volto – e me parece que – regresso.
Era ali, digo a mim mesmo, que eu colocava o chapéu e a bengala; era ali que eu ia me sentar. Ah! Aqui ficavam meus papéis, meu caderno – e aqui, sobre o branco da folha, aqui mesmo a minha mão – segurando minha pena…
Tudo me é estranho, tudo familiar – Velha vestimenta

reencontrada – Retrato de há quarenta anos?
Mas onde está, e qual era o pensamento que eu escrevia?
– A alma, talvez, poderia ser interpretada como surpresa, produção de surpresa de ser o que se é. O que se é é sempre um pouco o que se foi, e um pouco o que não se foi…
O dia seguinte volta à véspera como um morto-vivo. Não é o passado que volta. É o presente que entra no seu mesmo e, assim, torna-o *mesmo*.

*

A alma procura a dor que acaba de desaparecer no local mesmo em que ela *se elevou*.

*

Assim como a mão não consegue largar o objeto incandescente sobre o qual sua pele derrete e se cola, assim a imagem, a ideia que nos enlouquece de dor não pode ser arrancada da alma, e todos os esforços e desvios da mente para se livrar dela a arrastam consigo.

*

Uma dor tão pronta a doer e a desaparecer que o sentimento de sua duração não possa surgir não é nada.
A substância de seu sofrimento é o sofrimento previsto.
Se tu sofres, é porque te deténs sobre as coisas. Tu estás onde elas não estão mais.

*

Sofrer é viver sem poder viver; é até... *ser vivido* por...

*

É às vezes um espinho oculto e insuportável que temos na carne que nos torna difíceis e duros para com o mundo.
Ninguém a enxerga, e todos têm de sofrer por causa dela, porque a escondemos e por causa dela sofremos.
Retirada, ficaremos «bons».

*

Um acontecimento que comove, não é na medida em que penso que me comove que ele me comove. –
É, ao contrário, por não poder pensá-lo em minha ou em sua plenitude.

*

A consciência reina mas não governa.

*

    Às vezes acorrentado por seu sonho
e libertado pelo despertar;
    e às vezes acorrentado pela vigília
e aliviado, libertado por um sonho.

*

A alegria é um acesso de excitação geral do ser que muda o máximo de coisas possível em fontes ou causas de prazer.
Ela é como uma energia que irradia de um ser, uma luz de ouro que, para ele, doura tudo que ele vê.

*

Um homem contemplava entre céu e Si uma figura misteriosa da qual só via um rosto, e *diziam*-lhe que era a figura de sua vida metade congelada, metade informe.
Encolhendo, escurecendo-se – o gigante de fumaça reduz-se a caber num pequeno vaso, a tumba.

*

Se a alma tivesse todo o poder no mesmo instante, pereceríamos no instante seguinte.

*

Só se pensa realmente em si e que se é si mesmo quando não se pensa em nada.

*

Quem olha a mão, vê-se ser ou agir ali onde não está.
Quem *pensa* – se observa naquilo que não existe.

*

Ó, Eu, não é tu que encontras tua ideia; mas, pelo contrário, é uma ideia que te encontra e que te adota. Aquilo que tu chamas de Eu, de teu Eu, não está de modo algum nas profundezas do teu sistema vivente. Não existe Eu na substância do teu cérebro; porém, ela produz o Eu assim como produz as ideias. Ao clarão súbito de uma ideia, o Eu, de volta, é excitado e se declara.

*

Existe alguém em nós diante de quem todas as circunstâncias de sua geração e todas as particularidades de seu indivíduo são fruto do acaso. Nascimento, lugar, pais, sexo, nação, época... E, louro ou moreno, fraco ou forte, corajoso ou não, inteligente ou não, tais desejos, tais repugnâncias etc.

Estas coisas são, todas (ou quase todas), coisas que se aprende por meio de confrontações e de comparações. Às quais acrescentam-se os encontros que desempenham um papel tão grande no desenvolvimento da vida, os incidentes e as incidências. Essas intervenções combinam-se, de um lado, ao mecanismo geral dos seres; de outro, às singularidades acima indicadas.

Não surpreende demasiado que, dessa quantidade enorme de constituintes e de modificadores da personalidade, os acontecimentos (e aquilo que os define como tais) provoquem reações psíquicas ou de outro tipo, que são sentidas pelo sujeito como surpresas, como forças ou como fraquezas, de origem estrangeira – pelo que o eu ora aprecia, ora detesta a personalidade –, isto é, aquilo que é inseparável dele e que pode no entanto ser concebido de maneira totalmente diferente de como é – tendo podido ser ou podendo tornar-se totalmente diferente do que é.

*

Numa hora de tempo de relógio, *talvez* se pudesse deduzir cinquenta minutos nos quais não existimos (quase como o volume ocupado por um quilo do metal mais denso seria reduzido a menos de um décimo milésimo de milímetro cúbico se suprimíssemos os vazios intermoleculares).

A vida seria intolerável, sem dúvida, se essa interrupção da existência, isto é, de nossa sensibilidade total – comparável à da corrente alternativa – não existisse. E pode ser que a dor seja o efeito de uma ininterrupção da existência.

*

Existe uma dor segunda que causa a dor e que é a da inutilidade dessa dissipação.

*

Todo homem encerra alguma coisa de terrivelmente sombria, de prodigiosamente amarga, de amaldiçoada, de ódio da vida, o sentimento de ter caído numa armadilha, de ter acreditado e de ter sido trapaceado, de estar dedicado à raiva impotente, de renúncia total, entregue a uma força bárbara e inflexível que dá e que retém, que envolve e que abandona, que promete e que trai, e que ainda por cima nos inflige a vergonha de reclamar, de tratá-la como se fosse uma inteligência, um ser sensível, e que pode ser tocado...

Todo esse fel está, em cada um, prestes a verter-se em abundância, a invadir o organismo, a enegrecer o Sol, a transformar o verdadeiro em falso, o falso em verdadeiro, a hora em eternidade, e todos os pensamentos em alimentos de uma chama sombria que devora indistintamente a carne, a razão, os talentos, os instintos e às vezes o todo-poderoso amor de si mesmo que existe no homem.

*

A maioria de nós considera como do exterior alguns de seus pensamentos – e existem lugares interditos e portas fechadas, onde o medo, a decência velam. Há em nós também tumbas, lugares de sepultura, nos quais a alma que os encerra não permite de jeito nenhum, voluntariamente, que seus pensamentos sejam abordados. Aqui e ali há lupanares mais quentes e mais abomináveis do que todos aqueles que ficam nas cidades: tesouros para uns, suplícios para outros. Há deuses e um deus conhecidos e desconhecidos.
Quantas coisas sobre as quais muitos nunca se manifestarão, sombras de atos e germes de pensamentos!

E tudo isso, em alguns instantes, sob um choque ou sob um roçar de pluma, pode ser violado, desacorrentado, manifestado, revivido: as tumbas reabrir-se, vomitando nossos cadáveres, e nossos segredos assumir uma voz que é a nossa, e que não é a nossa!...

*

As coisas bizarras, absurdas, as combinações, as percepções estranhas e indescritíveis, que são aquilo que a lembrança nos reporta do sonho, podem ser vistas como se tivessem sido no sono *produções normais*, estado natural das coisas. Afinal, a surpresa que pôde nos tomar no mesmo sono em relação a essas bizarrices, e como que correspondendo a elas, sem dúvida não deve ser considerada um efeito de sua estranheza, e sim algo da mesma fonte e da mesma natureza que elas, produzida assim como elas são produzidas, e de maneira igualmente cega.
No sonho tudo é sonhado – exceto os efeitos fisiológicos.

*

A ENCARNAÇÃO

A vida ensina a fingir ser apenas um homem.

*

Só podemos nos afastar conscientemente de qualquer objeto virando a cabeça para ter certeza de que estamos nos afastando.

*

Defender-se com a ideia mais clara.
A luta entre o pesadelo e a realidade; depois, a própria realidade precisa ser combatida, por mais consciência repelida, perturbada...
– O conflito vai do simples intercâmbio ao combate exasperado.

*

É preciso julgar a frio e agir a quente. Porém, nada mais raro de conseguir das circunstâncias e de si.

*

Se a vida fosse apenas delícias,
Se a vida fosse apenas torturas,
Há muito tempo ela não existiria.

*

Só se está de bem com si mesmo, confortável com si mesmo, quando se trata de questões abstratas.

*

É loucura ocupar-se de outra coisa que não seja o que há de mais inútil, de menos atual e de menos humano.

*

«Adeus», diz o moribundo ao espelho que lhe é estendido, «não nos veremos mais…»

E

Nunca diga: *Me ame*. Isso não serve de nada. Mesmo assim, Deus diz.

*

O absoluto do amor é conhecido pela preocupação perpétua daquele que ama.
Nada o acalma inteiramente, pois, em seu grau supremo, o amor é uma vontade de criar o ser que tomou por objeto. É uma obra de um tipo estranho e desesperado, da qual esse ser é um fragmento, um momento, um esboço, uma ideia; e quem se contenta com isso jamais será o grande artista criador deste insigne infortúnio: um amor verdadeiro.

*

Uns, no amor, são atraídos por sua parte turva; outros, pela parte límpida.

Uns, pelas preocupações e pelos começos, pelas incertezas e por todos os tateamentos primeiro em si mesmo, depois entre dois seres complexos, e enfim entre dois órgãos de um mecanismo que se ajusta.
Outros, pelo vivo momento além do qual dormirão bem.

*

Nosso organismo às vezes nos poupa de paixões que, acabando por comprometê-lo, por comovê-lo, por fazê-lo aparecer com suas respostas, introduzem em nossa alma o sentimento de um valor *verdadeiro*. A voz da vida mesma se faz ouvir, e o tema da conservação se esboça em algumas notas profundas ou estridentes. O coração do corpo às vezes se zanga contra o coração da alma; um aperto enfrentado por esse coração verdadeiro atravessa subitamente a plenitude amorosa do outro...

*

Às vezes o homem faz amor simplesmente para fazer alguma coisa. O papel do tempo disponível ou da energia restante sem destinação é grande. O desempregado que tem uns trocados. O flanador que decide jogar pedras, arrebentar galhos.

*

Se alguém de um lado gosta, e de outro lado não gosta... Mas é aí que está toda a dificuldade, a complicação, a poesia, a amizade e o amor.
Um ser complexo – *que sempre se acha simples e uno* – relaciona-se com um ser complexo – que se acha que lhe parece simples e uno.

*

PRUDÊNCIAS

Uma prudência foge do Amor
Como o animal foge do fogo;
Teme ser devorada.
Tem medo de ser consumida.

Uma Prudência o procura,
E, como o ser inteligente,
Em vez de fugir da chama, sopra-a,
Dá-lhe força e funde o ferro,

Assim o Amor lhe cede suas potências.

*

Não basta a Afrodite ter um sexo. Ela precisa de um rosto e de uma forma corporal que possam agir através da luz, à distância, e orientar para ela o maior número possível dos nossos sentidos, e nossos passos, e nosso pensamento.
Esse objeto separado induz em nós forças estranhas, e se não podemos tomá-lo segundo nossa vontade, essas potências forçadas produzem em nós efeitos extraordinários: uma política, uma poesia, uma retórica, uma psicologia, uma mística se desenvolvem, mesmo nos seres cuja alma, até então, era só aquilo que era.

*

Polidora, com suas massas puras, sua altura com luzes bem localizadas, suas bases, seus aprumos, suas simetrias, sua redondez bem fracionada,
A unidade de sua claridade
A continuidade de sua doçura
O envolvimento de sua modulação
As passagens da sombra entre seus membros...
Era uma mulher muito bonita.

*

A mulher é inimiga da inteligência, seja por dar-lhe amor, seja por recusá-lo.
Inimiga natural e necessária; e aliás a melhor inimiga da inteligência.
A melhor inimiga é aquela que faz com que sejam criados os meios mais sutis e mais prudentes de defesa ou de ataque.

*

A alma é a mulher do corpo. Eles não têm o mesmo prazer, ou, ao menos, raramente têm-no juntos – É o cúmulo da arte proporcioná-lo a eles.

*

DUO DE AMOR

– O que fazes aí? Tua expressão é tão dolorosa, e teu olhar parece procurar tudo, exceto o que é e eu mesmo.
– Estou tentando me sentir feliz.

*

A felicidade tem os olhos fechados.

*

A felicidade é a mais cruel das armas nas mãos do Tempo.

*

As boas lembranças são joias perdidas.

F

As grandes reputações, mesmo as mais sólidas, as mais «justas», são sempre feitas de circunstâncias e nunca puros produtos do ato. Os grandes nomes refletem uma espécie de luz que lhes vem de toda parte. A que eles emitem por sua própria conta não passa de uma débil fração daquela.

Não existe homem cujo valor próprio possa produzir *somente por si* o brilho do nome de César. Sem a atmosfera, o Sol seria aos olhos nada além de uma fornalha incandescente terminando nitidamente em trevas.

*

PARADOXO DA GLÓRIA

O glorioso deve considerar os outros homens como menores – como sujeitos ao erro – débeis – exceto neste único ponto: que eles não se enganam ao julgar que *ele* é superior a eles.

Ele os acha tolos em tudo, exceto nisso.

*

Um homem célebre é um homem *vigiado*, e quem se sente assim tem seus atos – e até seus pensamentos – por isso modificados.

*

Dizemos de um homem: «Mas que tolo!... Será possível ser tão estupidamente vaidoso!»
Porém, nunca pensamos que se essa vaidade lhe fosse retirada por encanto, e que outra, mais sutil, não viesse substituir a primeira, nada restaria a esse ser desiludido a respeito de si mesmo a não ser dar um tiro na cabeça. Ele se defende do não ser da melhor maneira que pode.

*

A vaidade consiste apenas em sermos sensíveis à provável opinião dos outros a nosso respeito.
O orgulho é sermos insensíveis a ela. Porém, alguns possuem um orgulho fraco, que imita essa insensibi-

lidade ou que dá a si mesmo a ilusão dela por meio da segregação e do distanciamento do mundo. Eles trapaceiam. Os outros (que talvez não existam) não ignoram nada, mas não se preocupam nem um pouco com os sentimentos a respeito deles.

*

Quem ama os elogios não despreza o homem. Quem teme a crítica faz dela um ídolo assustador.
Críticas e elogios nos induzem a crer que alguém *possa nos dar muito mais do que possui*.

*

O verdadeiro orgulho, e falo do orgulho da qualidade mais rara, é reconhecido por ser acompanhado do desdém por si mesmo ou da piedade para com si mesmo.
O deus se diz: eles me adoram e eu sou adorável, e no entanto tão pouco! Como não desprezar com ternura esses humanos… como a mim mesmo.

G

Todos os homens são egoístas por construção e pelas leis de seu funcionamento. São exatamente obrigados a preferir-se, o que se reduz simplesmente a discernir seu prazer da sua dor. Preferência e prazer são sinônimos. A crítica do egoísmo consiste em *culpar* aqueles que seguem sua lei tão manifestamente que nunca podem *cambiar prazer por dor* com seu semelhante, sem vantagem, sem ganho imediato ou antecipado.

*

Existem coisas que só os Outros tiram de nós. Existem coisas que só tiramos dos Outros.
Que cada qual tente fazer para si uma tabela comparada dessas obrigações.
Os Outros, por exemplo, tiram de nós respostas, graça, sentimentos, desejo, inveja, concupiscência, ideias, boas e más condutas. Quantas coisas ignoraríamos conter, poder, realizar e até desejar, se as provocações

de Outrem por seus atos ou por sua mera existência não as instigassem!

Porém, tiramos dos Outros quase todo o necessário, a linguagem e o pão, e muitas imagens de nós, pintadas em seus olhares, em seu comportamento, em suas palavras e em seus silêncios.

Um espelho é um desses Outros.

*

Compreender alguém é ter também uma ideia de sua fisiologia, de sua sensibilidade e dos hábitos de seu organismo – os quais são singulares, muito fortes e muito ocultos. O segredo de muitos comportamentos está na política de preservação dos hábitos fisiológicos: necessidades às vezes bizarras e, ainda que sejam necessidades adquiridas, são às vezes mais fortes do que as necessidades naturais, verdadeiras parasitas da vida neurovisceral, inventoras de dissimulação e de manobras extraordinárias. Nada deixa mais nítida uma «personalidade». Contudo, trata-se de um aspecto que o romance ainda conhece muito pouco. Mesmo Balzac. É verdade que esse assunto logo se aproxima do ignóbil, do imundo e do cômico. Práticas inconcebíveis, relacionadas à superstição, ao tique, à magia, e que se tornam obrigatórias, espécies de intoxicações do hábito e monstruosidades na ordem das ações. Existe uma teratologia dos funcionamentos.

*

Quando nos compreendemos mutuamente, acreditamos só por isso na existência de coisas cujos nomes cambiamos. O câmbio cria. Eis aí uma estranha armadilha. Um câmbio de impressões traduzidas ou traídas por gestos idênticos institui «a objetividade»... O acordo atribui *realidade para todos* àquilo que muitos concordaram ter visto. Porém, o câmbio faz-se linguagem, e, pela natureza desse instrumento de câmbios, acontece que *compreender-se* se confunde com *concordar que nos compreendemos* –, mesmo na ausência ou na inexistência das coisas mesmas a respeito das quais pode-se concordar. Todos compreendem todos quando se fala em *espírito*, em *universo*, em *vida*, de uma quantidade de *objetos-de-palavras* dessa categoria inobservável, termos que devem tudo ao simples fato de serem passados e repassados sem a menor dificuldade.

*

Não importa o que você diga – o que você diz pode dizer mais do que você supõe –, se aquele que o escuta é mais do que você supõe que seja – ou menos!

*

Ao mentiroso:
Mais delicado, mais importante, mais difícil pensar a «verdade» do que dizê-la.

*

A CONCORDÂNCIA

«O tempo está bom», diz Arnolphe. Todos concordam. «Está calor», acrescenta. Climène, porém, rapidamente: «Você acha?», ela lhe diz.
Concordamos a respeito daquilo que o olho vê. Ele nos torna unânimes. A pele, porém, é mais pessoal, e me pergunto por quê.

Se diferimos uns dos outros por essa sensação da pele muito mais do que pela da visão, é portanto esta última que terá o privilégio de servir para nos colocar de acordo. Ela fará com que haja apenas um mundo para todos, os mesmos objetos, termos definíveis e uma «ciência objetiva».

*

Alguém me faz uma pergunta, e aguarda minha resposta durante certo *tempo*, que considera *suficiente*.
Se não respondo nesse tempo, ele duvida ou de meu conhecimento, ou de minha sinceridade, ou de minha inteligência. – Eu pude: ou não entender, ou não poder, ou não querer.
Ele nunca cogita que eu podia ter pensado em outra coisa.

*

EQUAÇÃO DA VERDADE

Se você pensa como um grande número de pessoas, seu pensamento torna-se supérfluo.

Para a massa, seu sentimento é uma «verdade».
Para cada indivíduo, ele permanece uma questão.
Assim, «Verdade» = dúvida x grande número.

*

ROSTOS

Rostos, uns repelem, outros atraem – e os primeiros, uns repelem primeiro e atraem depois, e, no caso dos segundos, acontece o contrário.
Existem aqueles com os quais nunca conseguimos nos acostumar – belos demais ou feios demais.
Alguns são peculiares ao extremo: outros oferecem uma espécie de aparência universal; regulares, nobremente inexpressivos.
Familiarizar-se com um novo rosto é como aprender um novo idioma. Pouco a pouco deixamos de perceber o que ele é para somente receber aquilo que ele anuncia dessa vez.
Os traços constantes tornam-se insensíveis; e o rosto familiar só nos solicita por suas alterações circunstanciais.

*

O sorriso – o erguer íntimo dos ombros – são símbolos algébricos. Tudo aquilo que é designado por esse signo está condenado. Possuímos um «operador» que deprecia aquilo que afeta. O riso, que expulsa convulsivamente uma combinação de imagens ou de ideias instigante, mas que não podemos assimilar, é de natureza bem diferente. O sorriso é mais delicado, menos um reflexo em estado bruto, muito mais penetrado pelo pensamento. É um juízo já quase redigido com seus motivos. Eis como se poderia ilustrar a comparação que faço dessas duas respostas: o gesto instintivo de afastar de si um corpo cujo contato ou cuja mera aproximação são temíveis depende da massa e da velocidade desse corpo, e também de sua natureza. Ora nossa máquina se dedicará integralmente a repeli-lo – o torso, os braços entrarão em ação; ora – uma mosca – um mínimo gesto da mão, um dedo levantado vai afastá-la. Esse movimento de nada basta. Sua insignificância torna-se expressão de desprezo, e poderemos escrever que o desprezo existe na razão inversa da importância do deslocamento ou do incômodo demandado pela anulação de alguma causa. O riso vai comover até o diafragma; o sorriso, alguns músculos do rosto. O riso, algumas vezes, nos abala até a dor, e renasce de si mesmo em sacudidas incoercíveis. O sorriso permanece conosco, é retomado e reabsorvido à vontade; e, se às vezes ele faz algum mal, é aos outros.

*

Os seres sensíveis não têm a voz poderosa, ou então não a mostram. Quanto mais aquilo que dizem os afeta, mais baixam-na. Existe um pudor auditivo. O mesmo vale para o *tom*. Ouvir-se dizer certas coisas é doloroso. O som da própria voz torna-nos inimigos de nós mesmos etc.

*

Ofende-me – para dar-me a força de matar-te.

*

os outros – quando se aferram a nós, é observar o automatismo de sua linguagem. A cólera, o descontentamento, o ódio desenvolvem automatismos.

Os traços mais justos e mais penetrantes vêm de pessoas não profundamente irritadas. E, aliás, a qualidade de suas «palavras»-por-fazer os empolga mais do que o desejo de incomodar.

E, supondo que se reconheça que esses modos sensíveis estão associados a algum pequeno sistema orgânico, que pode ser excitado, irritado, acalmado, perturbado ou destruído por mais de uma ação ou de uma circunstância, como elaborar uma tabela dos valores?

*

Tudo aquilo que dizes fala de ti; particularmente quando falas de outro.

*

«Coloca a maioria do teu lado» – e o barco vira. Ele te despeja junto com eles na vulgaridade.

*

Alguém que ataca alguém por quem não é atacado, é atacado por esse alguém.

*

Alguém diz: «O quê, é a mim que você vem dizer isso?...
– A quem mais eu poderia dizê-lo? A quem confiar-me? A quem portanto falar aquilo que tenho de mais íntimo e de mais ardente: o mal que te desejo...»

*

Sim! Rogo-te... Cala-te. Não me fales daquilo de que eu falo comigo mesmo o tempo inteiro.

*

Aqueles que compreendem não compreendem não ser compreendidos.
E os demais duvidam que aqueles compreendam.

*

Um homem que me é familiar em conversas às vezes se torna para mim um estranho se o ouço falar em público.

*

CÂMBIO

Eu te olho como um animal, e tu me olhas como um alienado.
Não podemos falar de nada além da comida e do clima.
– Mas esses não são assuntos essenciais!
– Vamos, senhores!

*

Cada um de nós é o único ser no mundo que não é sempre um mecanismo.

*

Cada qual descobre de tempos em tempos que o mundo inteiro é louco, exceto ele próprio.
E reconhece, de tempos em tempos, mas mais raramente, que todo o mundo é sensato, exceto ele.

*

O grande triunfo do adversário é fazer você acreditar naquilo que ele diz de você.

*

Existem pessoas que podemos desejar que pensem de nós todo o mal do mundo. É bom parecer feio num espelho amassado.

*

Existem homens cujo pensamento é todo feito daquilo que desprezamos quando ele chega ao conhecimento do nosso, por acidente.
Esses homens são portanto incompreensíveis para nós, e com eles só temos relações que nos permitem nos ignorarmos.

Todavia, troque esses homens por mulheres, supostamente sedutoras o bastante, e vocês lhes farão toda a companhia que elas quiserem.

*

«Julgamos» a maior parte das pessoas que conhecemos por meio de um único epíteto: é um *tolo*, é um *vadio*, é um *gênio*, é… *alguém*. Porém, inclino-me a crer que, aqueles que amamos, *nós não sabemos qualificar*; todo o transcendente essencial da verdadeira amizade ou do amor profundo se recusa a isso.

Amar, admirar, adorar têm por expressão de sua verdade os sinais negativos do poder de exprimir-se. De resto, tudo aquilo que é forte no sentimento e tudo aquilo que excita uma reação brusca *vinda de longe* desmonta instantaneamente o complexo mecanismo da linguagem: o silêncio, a exclamação ou o clichê são a eloquência do instante.

*

EVOLUÇÃO

A antropofagia – tornada psicofagia, cronofagia, fagia da honra, da reputação das pessoas, de seus bens, de seus dons, de seu tempo...
Repasto de valores humanos, e é comer o que está vivo!

*

Mas, enfim, você não toma partido!
– Você acha que sou imbecil? Acha que colocar minha pessoa, meu punho na mesa, a força da minha voz e todo meu corpo no debate vai reforçar em um nada que seja a soma das razões *a favor* e vai diminuir um nada que seja as razões *contra*?
E quando eu tiver ganhado a partida na mesa, eu a terei ganhado junto aos deuses?

*

Quem cede a nós nos detesta; mesmo cedendo à doçura e ao carinho.

*

CIÊNCIA DO HOMEM – ANTROPOSOFIA

É preciso demandar o mínimo das *vontades*, das energias *conscientes*, dos despendimentos que se conhecem, e demandar *o máximo* aos interesses, aos *hábitos*, às facilidades – isto é, às forças regulares ou periódicas, que são as únicas capazes de fazer durar.

*

A análise é às vezes um meio de desgostar em detalhes daquilo que no conjunto era suportável.
E viver com alguém é uma maneira de análise que leva aos mesmos efeitos.

*

Aquele que não possui nossas repugnâncias nos repugna.

*

Aquele queria morrer para punir os outros, para fazê-los voltar-se para si, partir o coração deles e tornar o próprio coração deles insuportável...
Estranha vingança. O japonês vai abrir a barriga na porta de quem o insultou e o obriga a fazer o mesmo.

*

Gêmeas. Duas pessoas, das quais uma, estando sozinha, era exatamente a mesma que era em companhia; e a outra, em companhia, era aquilo que era estando sozinha.
Esta fica muito mal em companhia; e a outra se arrumava para jantar sozinha.
Não é o caso de casar-se nem com uma, nem com a outra.

*

Gosto muito daquilo que há de consentimento e de convenção na atitude do militar que se coloca na *posição de sentido*, do eclesiástico que se curva – Isso preserva o homem, dando-lhe uma não personalidade que o poupa de embaraços – E a atitude diz: dou a César – a Deus etc. e *estamos quites*. Eu te dou uma atitude, uma ação externa. É tudo o que tu mereces. Não é o caso de discutir contigo. Tu és o mais forte – mas és apenas o mais forte.

O homem toma forma de coisa. Mais vale não ser nada do que ser mínimo.

*

O tom de brincadeira é, junto com o de comando, o único que convém (*decet*) a nossas relações com nossos semelhantes.

*

Tudo é magia nas relações entre homem e mulher.

*

O peso que sustenta *tanto tempo* esse atleta – é o orgulho que o sustenta, que o torna mais leve; anjo invisível que socorre o homem de carne.

*

O elogio engendra certa *força* e organiza certa *fraqueza*... Idem para a crítica.

*

Aquilo que nos choca nos juízos feitos a nosso respeito é a simplificação inevitável que todo juízo exige para poder existir – e que é necessariamente imposto a nós. O que pode ser mais mortificante do que ser «simplificado»?

*

Até hoje nunca encontrei um indivíduo que, servindo-se da palavra *paradoxo*, para efeito de argumento, não fosse um imbecil.
O que se deduz facilmente disso é que um epíteto não é um argumento, mas uma confissão... quando não interfere numa discussão.
Ora, confessar que não se sabe demolir uma formação da inteligência, mas que não se consegue deixar de

atirar contra o homem que tem essa inteligência, é o que faz um imbecil – pois seria o caso de calar-se e de esconder a impotência que se sente.

*

Uns são inferiores nas coisas mais comuns, superiores nas mais raras; como que cegos para o Sol, e clarividentes durante a noite.

*

Mesmo o mais sábio executa o movimento demasiado humano de tropeçar naquilo que não entende.

*

Nunca se deixar levar e manobrar pela palavra falada ou escrita, à qual temos o *dever* de resistir. Esse dever exige que ela seja considerada como *palavra* – (todas as vezes que for possível e não imprudente fazê-lo) a palavra.

*

Injúrias, gracinhas etc. são marcas de impotência, e até de covardias, por serem sucedâneos de assassinatos – apelos a outrem por uma destruição ou depreciação. – É contar com os outros, pois, se não houvesse terceiros, não haveria injúrias...

*

DEIXAR FALAR

Não toque nos seus inimigos.
Não faça adversários – portanto, *iguais*!
O mal que dizem de você é menos nocivo em difusão do que seria engarrafado.
São nossas virtudes e nossas qualidades que nos fazem sentir ódio.
Elas fazem com que nossos vícios sejam buscados.

*

NA SOLEIRA DA PORTA DELES...

A bisbilhoteira, o finório, que observam, que ouvem, que vivem na soleira – tagarelam, repetem, propagam, explicam, e fazem, como deuses, algo de nada –, protótipos de toda uma literatura, demonstrações, por causa disso, que a curiosidade é em si animal – e até uma perversão animal, sendo inútil –, às vezes isso engendra aqui e ali um autor cujo talento torna *úteis* essas inquietudes dos olhos e da língua, essas combinações de olhares franzidos, de imitações esboçadas pelas costas dos modelos, de verdade em estado ignóbil, de justiça em estado vil...

*

Muitas coisas bastante razoáveis, tendo sido propostas, impostas ou pregadas por seres ou ridículos ou tolos ou odiosos, foram repelidas, ridicularizadas ou detestadas como aquelas próprias pessoas.

*

Elogio do hipócrita.
O hipócrita não pode ser tão inteiramente malicioso ou mau quanto o sincero.

*

INJÚRIAS

As injúrias mostram no injurioso uma pequenina confiança no futuro.

*

Que maravilhoso exercício de suavização é o perdão das injúrias! Quanto benefício – e, aliás, que injúria mais atroz! A questão, claro, é um perdão tão «sincero» quanto possível. «Eu te perdoo», isto é: eu te compreendo, eu te circunscrevo, eu te digeri... Tu não tens o poder de me impedir de te considerar segundo a justiça, e até com benevolência...

*

Todos os nossos inimigos são mortais.

*

Não seja uma mosca. Deixe-se pegar com vinagre.
Só se deixe pegar com vinagre:
O vinagre é o vinho dos fortes.
Um elogio é uma injúria ao orgulho.

*

É proibido ao homem não escrever nada que tenda diretamente ou não à sua glória.
«Não sou nada», escreve você, veja minha nudez, minhas culpas, meus vícios, minhas carências etc.
Ele bate no peito a fim de ser ouvido.

*

Que importa aquilo que fomos! A glória adquirida insulta o presente, atormenta-o e avilta-o. Ela tem a natureza de um arrependimento. Ela canta aquilo que perdemos, aquilo que temos de morto.

*

Onde está o homem que não pode dizer que «seu reino não é deste mundo»? Todo mundo está lá.

*

CONSTRANGIMENTOS

A sociedade, a vida «civilizada» e organizada, pode existir porque o homem pode segurar por algum tempo os impulsos de suas necessidades fisiológicas, de seus instintos e de suas irritações; e algumas dessas forças, dominadas ou bloqueadas por alguns segundos – a respiração, por exemplo; outras, durante alguns dias. O instinto sexual pode ser adiado *sine die*. Em todos os casos, o papel da inteligência, combinado com o dos músculos voluntários opõe-se à pressão das sensações «cegas» (isto é, uma daquelas que são ordenadas por uma única função, que não diz respeito ao resto em nenhum aspecto). Essa ação notável da sensibilidade esclarecida e dirigida «reprime» a ação nascente do reflexo que se anuncia, contrai os músculos, pesa sobre a língua, acorrenta a mão, fecha o esfíncter. A fórmula *Não se ousava respirar* é plena de sentido. Um auditório mudo, um regimento em linha, um sistema de indivíduos reunidos por qualquer finalidade que seja, constitui certa quantidade de abstenções e de resistências simultâneas ao regime espontâneo do funcionamento da vida.

Pode-se portanto conceber uma espécie de filosofia da retenção, cuja primeira reflexão seria esta: a sociedade seria impossível se o homem não pudesse, em alguma medida, dividir-se contra si mesmo – se os deveres naturais do organismo fossem de estrita observância, devendo ser satisfeitos o mais rápido possível.

*

EU ME CHAMO: PESSOA

Aqueles que trazem em si algo de grande não o associam à sua pessoa. Pelo contrário. O que é uma pessoa? Um nome, necessidades, manias, ridículos, ausências; alguém que assoa o nariz, que tosse, que come, que ronca *et coetera*; um brinquedo das mulheres, uma vítima do calor e do frio; um objeto de inveja, de antipatias, de ódio ou de chacotas...

Porém, o biógrafo os espreita, dedicando-se a tirar essa grandeza que lhe chamou a atenção, dessa quantidade de pequenezas banais e de misérias inevitáveis e universais. Ele conta as meias, as amantes, as ninharias de seu biografado. Faz, em suma, precisamente o inverso daquilo que quis fazer toda a vitalidade deste, que foi gasta contra aquilo que a vida impõe de semelhanças vis ou monótonas a todos os organismos, e de diversões ou de acidentes improdutivos a todas as almas. Sua ilusão consiste em crer que aquilo que ele procurar pôde engendrar ou pode «explicar» aquilo que o outro encontrou ou produziu. Porém, ele não se engana nem um pouco sobre o gosto do público, que somos todos nós.

*

Se não consentimos em nos reconhecer inteiramente *naquele que fez nossas tolices* (ou seja, construir usando as tolices que pensamos, fizemos ou dissemos, um alguém que não é Nós), devemos agir do mesmo modo em relação aos outros.

*

PRINCÍPIO DE SIMILITUDE

Dos anjos, o mais belo quis tornar-se igual a Deus.
Os homens quiseram tornar-se semelhantes a Deus.
Deus se fez homem.

Ele aconselha aos homens que se tornem semelhantes às criancinhas.
Assim, não há ninguém que escape à imitação.

*

O diabo diz:
Aquele não era inteligente o bastante para que eu ganhasse a discussão com ele. Não tinha discernimento o bastante.
Era tão burro que me venceu.
Seduzir um imbecil, que problema!
Esse não entendeu nada das minhas tentações!...

*

DE DIABOLO

A ideia tão bizarra de que o Diabo é um grande amante das almas é no entanto terrivelmente humana...
Disso concluí que todos os amantes de almas (e Deus sabe se os há, e de cem espécies!) têm algo de diabo.
Assim como A., e muitos profetas e fundadores de ordens ou de seitas.

Quanto a mim, sou amante apenas das inteligências, dentre as quais algumas me fizeram mais inveja do que qualquer outra coisa.

Que diferença, portanto, há entre esses gostos? O primeiro leva a seduzir. O outro, a compreender ou a convencer, o que só podemos fazer refazendo-nos – fazendo-nos – mais universais do que somos, pois é preciso fazer de todos os demais casos particulares aplicações de si mesmo.

H

HISTÓRIA

Na história, os personagens que não tiveram a cabeça cortada e os personagens que não mandaram cortar cabeças desaparecem sem deixar rastros.
É preciso ser vítima ou carrasco, ou não ter nenhuma importância.
Se Richelieu não tivesse usado o machado, Robespierre, a guilhotina, um seria menor, e o outro, totalmente apagado. Tudo isso é mau exemplo.
O suplício de Cristo foi a origem de uma onda imensa, que agiu mais sobre os seres do que todos os milagres: sua morte, mais sensível aos homens do que sua ressurreição.

*

A memória histórica obedece às leis do teatro. O homem adora o drama. Mas o drama engendra o drama. A história é uma literatura de tipo ingênuo, do mesmo tipo *bruto* que as imaginações em estado nascente, em sua forma mais «simplista». Para demonstrá-lo, basta tentar levar à extrema precisão a representação que se faz de qualquer dado «histórico». Então vemos todo o papel desempenhado por nosso arbítrio, por nossa sensibilidade e por nossos conhecimentos nessa fabricação.

No mais, se retiramos da leitura da história o apoio de nossa crença no *valor* de uma representação do passado, essa representação se transforma numa combinação entre outras igualmente possíveis.

Só depende de mim tornar Semíramis *histórica* ou não – ou mesmo o sr. de Marsay.

*

Os acontecimentos brincam com nossos pensamentos como o gato com o rato. Eles são coisas totalmente diferentes dos pensamentos. E, quando parecem realizá-los, são no entanto outros. A previsão é um sonho do qual o acontecimento nos tira.

*

Tudo enfim se reduz – se quisermos – a considerar o canto de uma mesa, a face de uma parede, uma mão nossa ou um pedaço do céu.

Um homem que assiste ao maior espetáculo do mundo, testemunha da batalha de X, ou da Ressurreição, sempre pode considerar suas unhas ou observar que um calo em seus pés tem tal figura ou cor.

Ele suprime os «efeitos», restringe o campo, restringe-se àquilo que vê *realmente*.

Assim, ele se isola com Aquilo que é.

O que tu vês? – César?... Não. Vejo um pouco de *cabeça calva*, e estou incomodado com a multidão que me aperta e com seu cheiro, que me revira o estômago.

*

A morte fixa o personagem assim como o banho químico fixa o clichê.

Um personagem histórico é apenas o resultado de uma fixação dessas em dado momento, em certo estado.

*

Já tratei com bastante familiaridade com homens que dispuseram da vida de milhões de seres, expuseram ao perigo de morte multidões de seus semelhantes. Conversando e argumentando com eles, tentei imaginar sua natureza íntima, sua sensibilidade, seu intelecto e as relações desses dois sistemas de faculdades. Não consegui elaborar uma ideia que me satisfizesse. O que eu queria? Poder ter uma ideia do que eles eram quando se encontravam sozinhos com si mesmos. Eram homens muito simples, sobre os quais eu não parava de pensar, ao mesmo tempo em que lhes falava de umas e de outras coisas, que eles tinham ficado à mercê de imensas dificuldades nervosas e intelectuais de situações gravíssimas e de problemas de extrema complexidade.

*

O DEVER EXECUTIVO

Age como fera quem faz o seu dever.
O dever pode exigir dos homens que eles se comportem com total bestialidade. No entanto, coisa séria é

fazer convergirem os instintos mais brutais de conservação e de preservação do «ideal» e dar-lhes boa consciência.

Isso porque os ideais que têm necessidade de força deveriam dispor de forças mágicas, de agentes irresistíveis e puros, de potências impessoais sem cólera, sem palavras ignóbeis e sem paixões.

Anjos, isso é que seria necessário. Porém, esse trabalho de arcanjos é executado por demônios.

*

A ideia de *justiça* é no fundo uma ideia teatral, de desenlace, de retorno ao equilíbrio, depois de quê não há nada. Vamos embora. Acabou o drama.

Ideia essencialmente popular = teatral.

Cf. *Tomar como testemunhas* – as pessoas reunidas e os Deuses; a posteridade…

Não há justiça sem espectadores.

Não pode portanto haver mais justiça do que no vale de Josafá, diante do máximo de espectadores possível.

É o público que importa, não o processo.

*

A CRIANÇA CRÍTICA

A criança diz (voltando do cinema, onde viu um «drama», e o herói ou o traidor foram mortos de maneira bastante tola): «Se ele tivesse sido esperto, teria se colocado de quatro e se salvaria». Essa correção é notável. Se, etc., o drama teria sido totalmente diferente.

Quantas pessoas pensaram que, no lugar de Adão, não teriam mordido de jeito nenhum; no lugar de Napoleão, evitado a guerra da Espanha! No lugar de Pascal, teriam poupado o pensamento sobre o nariz de Cleópatra, que é bem inútil.

Esse pensamento, se tivesse sido menos ingênuo... não teria existido.

I

AFERRAR-SE À VIDA

Esse instinto, espécie de *tropismo* que dirige todas as forças para a conservação: de quê?
A conservação é portanto como uma direção, um *ponto cardeal* em sabe-se lá qual espaço-tempo…
O ser quer vida como o inseto quer a chama; e, por mais cruel ou insípida que ela lhe seja, ele só pode tender a durar. Há nessa força uma curiosidade absurda.
AMANHÃ é para nós, talvez, aquilo que o fascínio do fogo brilhante é para o inseto.

*

O corpo tem seu objetivo, *que desconhece*, e a mente tem seus meios, *que ignora*.

*

A visão da Lua ao telescópio, de Saturno e seu anel, a visão de espermatozoides agitados no microscópio, isto é, o *deserto*, e a *vida* – naquilo que tem de mais miseravelmente pululante e inconcebível – essas visões diretas – sem teorias, sem palavras. – O astro morto; os germes, dos quais cada um traz, *de uma ponta à outra*, as heranças mais complexas, os tiques, os nadas... e o essencial. Nada mais perturbador. Jamais esquecer essas imagens ao pensar nos homens e particularmente *em si*.

*

Sobre as coisas extremas – como a morte – os vivos, que se renovam, repetem-se indefinidamente. Ficam entre três ou quatro ideias, que são para eles as quatro paredes de seu quarto mental, batendo de uma parede a outra como bolas.

Um pequeno número de dedos basta para contar o número de opiniões que foram emitidas sobre aquilo que acontece com o eu após a morte. Esse pouco não faz jus à imaginação humana.

*

SOBRE A MORTE

As meditações sobre a morte (ao estilo de Pascal) são feitas por homens que não precisam lutar por sua vida, nem ganhar seu pão, nem sustentar crianças.
A eternidade ocupa aqueles que têm tempo a perder. Ela é uma forma de lazer.

*

Consideração sobre a morte, ou uso do zero absoluto, para extrair de cada coisa seu valor.
Trata-se de uma operação muito antiga. Não deixar de observar que ela também se aplica à ideia mesma da morte.

*

Eles têm medo de morrer, e não têm medo de viver.
O que assusta na morte é certa vida que se imagina que a acompanhe, que saiba a ela, que a mensure. E aquilo que é terrível na morte não é ser vencido, mas lutar.

*

A morte só é olhada por olhos vivos.

*

A morte nos fala com voz profunda para não dizer nada.

*

Tal questão é uma goela absolutamente escancarada, dentro da qual temos de jogar indefinidamente respostas irrisórias, e, com elas, toda a honra do nosso espírito.

*

É *Mito* toda noção que, em outra época, ou em outro lugar, ou em outra mente, pôde ter seu lugar ocupado, seu papel desempenhado por outra totalmente diferente, a qual também satisfez a mesma necessidade.

*

Bah, diz o padre, Deus já viu vários.

J

A juventude é um jeito de se enganar que logo se transforma num jeito de não poder nem mesmo se enganar.

*

Por que aquele que envelhece tantas vezes perde a memória recente e recupera uma memória antiga?
Como a pintura que envelhece deixa aparecer o que está debaixo.
Como se a recente estivesse pintada sobre matéria leve, e o presente do velho fosse cada vez mais superficial – desinteressado, enquanto as lembranças do tempo em que sua sensibilidade estava inteira reaparecem.

*

Em todo homem se dissimula uma criança de cinco a oito anos, que é a idade das ingenuidades expirantes.
É essa criança oculta que é preciso ver com os olhos

da mente no homem intimidador, de pelo grosso, de sobrancelhas carregadas, de bigode espesso e de olhar pesado – um Capitão. Mesmo este contém, não tão fundo, o jovenzinho, o ingênuo ou o espertinho que a idade transformou nesse monstro, nessa potência.

*

Seriedade – Seriedade do animal que come, da cadela que amamenta, que lambe seus filhotes.
Seriedade das funções.
Seriedade dos jogos.
A Seriedade é uma expressão da máscara: aquela que se observa durante o ato de uma função importante quando essa função exige a colaboração de diversas funções independentes.

*

Um homem sério sente-se uma espécie de instinto das «coisas sérias». Esse instinto, assim como todos os outros, é cego. Ele reserva estranhas surpresas e erros surpreendentes.

O homem sério não repara que foi invariavelmente trapaceado, roubado, enganado por outros homens sérios: o que acontece necessariamente, porque é só nestes, precisamente, que ele confia.

Quando um homem sério não é um ingênuo, é excessivamente perigoso. Ele não tem confiança em seus semelhantes, nem nos seres leves. Contudo, ele é por essa razão perigoso para si mesmo.

A força ou a saúde dos homens leves reside na leveza das coisas.

*

Um homem sério tem poucas ideias. Um homem de ideias nunca é sério.

*

Todas as coisas são leves? – Sinal de *saúde*. Porém, será preciso tornar leves todas as coisas? Amortecer todo ressentimento, se possível...

Aquele que sempre brinca, e enxerga o nada em tudo – é um homem que *divisa* bem o instante que passa e que em seguida remistura, com esse jogo, aquilo que os tristes e os pesados confundem involuntariamente. A melancolia e a seriedade são incoerências tão estranhas quanto os rabichos das palavras e os trocadilhos.

*

Fica calmo. Olha friamente.
Por quê? – Porque essa calma e essa frieza *representam* o durável, e o tempo que se desprende de tudo.
Um homem frio corresponde à amplitude de um século. A cólera, as emoções que se acrescentam não somam, enfim, mais do que uma planura. *A longo prazo, nunca houve nada.* Não percas de vista essa nulidade certa final. Que algum sinal – uma linha horizontal estendida – permaneça no fundo de teus movimentos e de teus meteoros secretos.

*

No homem preocupado, sofredor, fortemente polarizado pela dor, pela angústia, pelo desespero – ou por qualquer atenção capital – existe no entanto um espectador e um ator – sistemas de ideias e de observações – aberturas de luz normal... E, em suma, algo que permite *ser* – *um outro*; que permite *simular* o natural e o sangue-frio – conservar a polidez; ver, reconhecer, sorrir e agradecer – ao menos com os lábios.

A verdadeira coragem é a quantidade de simulação disponível; e, se não há *simulação*, há insensibilidade, e não coragem.

*

Os homens secretamente economizam sua sensibilidade singular; e aí está todo o segredo das esquisitices de sua conduta.

Ao andar, eles se esforçam para de modo algum pesar sobre o ponto sensível do pé; ao comer, para poupar um dente irritável. Assim, eles têm espinhas ocultas; e cada qual num lugar diferente. As origens são diversas – infância, sexo etc.

Não sei se os autores de romances pensaram nisso o bastante.

As tabelas de distribuição são muito diferentes.

*

Todo homem espera algum milagre... ou de sua inteligência, ou de seu corpo, ou de alguém, ou dos acontecimentos.
(Isto é pura observação.)

*

Os homens simplificam-se e assim se unificam, quase até a identidade, na dor extrema, no riso enorme, no gemer, na emoção intensa, no suspense místico, no prazer agudo; e não se parecem menos no comum mais comum da vida, no sono, na surpresa, naquilo que é preciso de ação e de presença reduzida da inteligência para vestir-se, para nutrir-se, para entrar em casa.
Em que eles se distinguem? Nas táticas e nas complicações que, nesse ordinário da vida, conduzem-nos aos momentos extraordinários, ou que esses momentos atravessam ou dilaceram.

*

O que é mais semelhante a um homem do que outro, seu adversário, em certa fase do combate?

*

Doutrina metafísica nenhuma dá conta ou se preocupa com o *número* de homens que existe em dado momento (nem com sua diversidade, nem com suas verdadeiras variações). Esse número de indivíduos, de consciências, de *almas* etc. – depende de condições *desordenadas*, isto é, de todas as ordens.

Vida, consciência, conhecimento estão portanto sujeitas *primeiro* a essas condições de existência. *Eu sou*, consequência de *Muitos são*. Existe uma quantidade de homens, e muito diversos – *dentre os quais* – eu sou – e *portanto*: eu sou...

*

A alguns animais a natureza impõe que fujam. A outros, que ataquem. Em outros, esses perigos ou perturbações fazem a coragem nascer.

No homem, tudo isso é irregular – individual – e às vezes horário. Fulano foi corajoso certo dia.

*

Homo. – Existem aqueles que só são *bons* em um único sentido: são bons de cima para baixo; maus de baixo para cima.
Se os mudarmos de nível, seu coração muda.

*

Pois, para ser *mau*, é preciso primeiro ser *bom*; e, para ser bom, é preciso ser *mau*, do contrário o «*mérito*» se evapora, e essas palavras, bom e mau, querem dizer louro ou moreno, magro ou gordo.

*

ESPECIARIAS

Entre os virtuosos, o mal é o condimento do bem.
Entre os viciosos, é exatamente o contrário.

*

Se o Bem não nos parece estrangeiro, incompreensível, capricho alheio, mas nos parece nosso e expressão daquilo que queremos profundamente, não existe mérito nenhum em obedecê-lo, não havendo nisso a menor amargura.
Se gostamos de fazer o Bem, fazemos aquilo de que gostamos.

*

Quando chegamos à meta, acreditamos que o caminho foi o certo.

*

O homem sabe aquilo que faz – na medida muito estreita em que pode constatar que aquilo que fez realizou ou não aquilo que quis fazer.
Mas não sabe nem como fez aquilo que fez, nem quem pôde ou poderá fazer aquilo que fez.

*

Se colocamos no microscópio a ampliação 1: «O homem é livre» – Se colocamos o objetivo 2: «O homem não é livre» – mas *não é mais o homem que vemos*, talvez?

*

Certos crimes são comparáveis em sua gênese e em sua realização a um ímpeto e a uma descarga sexual – tendo seu desenvolvimento e seu brutal desenlace – e até seu alívio final.

*

Um ladrão só lesa os outros cidadãos naquilo que têm de mais vil. Talvez naquilo que têm de conforme ao ladrão e ao roubo.
Um homem que impõe ou que quer impor suas opiniões, por mais que alegue sua *fé* ou sua convicção, lesa os cidadãos naquilo que possuem de mais *próprio*.

*

Dos que consumiram o nervo do orgulho, da honra, que não reagem mais, que não percebem mais, uns são «santos», os outros, «infames». Uns, fanaticamente; os outros, covardemente, modificados.

*

Um homem insensível aos presentes, aos benefícios, às atenções, aos elogios, aos sacrifícios feitos por ele, ao amor que lhe é demonstrado, seja por senti-los como devidos a si, ou como interessados, ou como provas de fraqueza, age de modo a fazer deles sinais e motivos de julgamento mais perigosos do que aqueles que se deduziriam dos maus procedimentos.

*

Um homem passa por *voluntário*; porém, no fundo, ele só tem o hábito de ter vontade.
Ter vontade é para ele o mais *fácil*.

*

Há somente alguns corpos que concluem aquilo que todas as almas começaram.
Assim para os grandes crimes e as grandes coisas –

eles estão em germe em todos os corações. Em poucos, tornam-se mais precisos, e pouquíssimos os dão à luz.

*

É inconcebível que haja homens cujo pensamento é todo feito daquilo que desprezamos quando este se apresenta ao nosso, e que só suportemos pelo tempo de suprimi-lo.

*

O homem sabe (às vezes) o que quer e não sabe o que faz – Eu não sei como meus passos vão aonde quero – E também não sei quais as consequências daquilo que quis fazer voluntariamente.
O homem é observado, espreitado, espiado por suas «ideias», por sua memória.
O menor pretexto lhes serve.

*

O homem de espírito são é aquele que traz um louco dentro de si. Há uma mentira e uma simulação «fisiológicas» que definem o estado normal e razoável. O ambiente social exerce uma espécie de pressão sobre nossas reações imediatas, constrangindo-nos a ser e a permanecer um personagem idêntico a si mesmo, cujas ações possam ser previstas, com quem se possa contar, que se manterá suficientemente inteligível... Porém, uma simples cólera já rasga esse pacto de aparências. Ela iria até o assassinato se fosse até o fim do caminho que, em geral, limita-se a esboçar. O irritado que volta «a si» sente-se como um ator que acaba de sair do palco: porém, o papel e o rosto de que ele se despoja são os do homem *verdadeiro*. Às vezes esse estado que ele deixa, e aquilo que ele fez nesse estado, parecem-lhe de outro. Ele não se reconhece neles. Ele se tornou incompreensível para si mesmo, exatamente como um louco é incompreensível para as testemunhas de suas manifestações.

Eu poderia ter mencionado o ato sexual no lugar da cólera.

*

O ansioso busca a ansiedade,
O temeroso busca algo a temer,
O orgulhoso cria seu ultraje,
E aquele que tem um dente sensível interroga-o com a língua, aguçando e despertando sua dor.
E todos esses casos são exemplos do princípio da sensibilidade que harmoniza o dar com o receber, o produzir com o perceber...

*

CONTO

Houve uma vez um homem que virou sábio.
Aprendeu a não fazer um gesto nem dar um passo que não fossem *úteis*.
Pouco depois, foi internado.

*

O Justo é uma espécie de ideal que Deus tem do homem.

*

O homem se transforma em tigre, em toupeira, em vaca, em polvo, em macaco, em aranha, em pássaro, segundo a circunstância. Ele contém as táticas de toda animalidade: morde, imita, tece, canta ou muge, e todas as vezes que segue certo intento, modifica-se interiormente e encontra para si um modelo de ação entre os numerosíssimos tipos descritos pela zoologia. Cada espécie é hábil em alguma coisa na qual se empenha desde sabe-se lá quando. O homem faz um pouco de tudo; não faz tão bem nos detalhes quanto faz o animal especialista; porém, compensa no conjunto.

*

O ANJO

O movimento de repulsa é tão repulsivo aos olhos do anjo quanto a coisa que o provoca; e o fluxo da cólera ou do ódio lhe parece mais revoltante do que qualquer causa de cólera, pois, nos dois casos, há perda de liberdade e obediência à circunstância – à qual nossa força é sacrificada, e não àquilo que queremos de mais alto.

*

QUEM PINTA O HOMEM E O MACACO

O grande macaco colombiano, quando vê o homem, produz imediatamente seus excrementos e joga nele às mancheias, o que prova:

1º que ele é verdadeiramente semelhante ao homem
2º e que ele o julga com sanidade.

O sr. de Loys responde a essas saraivadas de matérias gastas com rajadas de fuzil. A grande macaca cai. (O macho foge.)

O homem *sapiens* levanta-a, observa e mede o clitóris de comprimento admirável, põe de pé o cadáver e tira uma bela fotografia.[1]

---

[1] Cf. L. Joleaud, «Remarques sur l'Évolution des Primates Sud--Américains». Revue Scientifique, 11 maio 1929.

K

Quanto mais inteligente é o homem, mais as coisas e os acontecimentos lhe parecem bestas. A telha que mata um bruto é menos bruta do que a telha que cai sobre um transeunte singular. Ela faz mais parte da ordem, é mais harmoniosa e, sob certo aspecto, menos acidental do que a outra.
O homem inteligente, em virtude de seu tipo, sempre percebe o mal que advém, na forma de besteira.

*

Por que o riso não foi considerado indecência, coisa para guardar, para deixar para o momento em que se está sozinho? É só em algumas ocasiões que o riso é considerado impróprio. O mesmo sucede com as lágrimas.
Enfim, realmente não entendemos por que, dessas duas crises do rosto, uma testemunha antes que somos muito superiores à circunstância, e que estoura-

mos com esse sentimento superabundante, ao passo que a outra alteração de nossos traços, acompanhada por uma perda de lágrimas, confessa ao contrário um colapso, muitas vezes amargo, às vezes terno, diante de um fato ou de uma ideia a que não sabemos responder exatamente?
E há lágrimas de alegria e risos envenenados, porque nada é simples.

*

Os cachorros têm uma espécie de civilidade e de delicadeza reflexas – Fingem cobrir seus excrementos; aliviam-se contra uma árvore; simulam preparar seu leito. Latem para o dono – para os cavalos.
Porém, o amor os torna positiva e literalmente, etimológica e lamentavelmente – cínicos.

*

A mosca que corre sobre o espelho não se preocupa com essa mosca inversa sobre as pontas das patas de quem ela pousa e corre; porém, ela vê, pelo contrário, sobre o plano polido, diversas outras coisas que lhe interessam e que confundimos por lhes dar os nomes de poeira e de sujeira.

*

ENQUANTO CONVERSO

Percebo, enquanto falo, que meu indicador direito desenha sobre meu polegar uma figura, e de novo e de novo: e essa figura é uma curva transformada da forma de uma poltrona a dois passos de mim, que olho – distraidamente – enquanto converso...

*

A DISTÂNCIA DO AÇÚCAR

O sr. P., homem de ideias, mexia *seu* açúcar em *seu* café. Meio ausente, mexia e esmagava, esmagava e mexia, e prolongava essa operação além de todo motivo de insistir nela, pois todo açúcar estava dissolvido. Porém, o sistema vivo «sr. P.» não conseguia mais de jeito nenhum interromper seu movimento: ele estava tomado pelo infinito; todo ato local é por si periódico, e se reproduz indefinidamente; como se vê pelo equilíbrio de uma perna cruzada sobre outra.

Esse ato, que não servia mais para nada na questão do café açucarado, tinha talvez sua utilidade em outra série de causas.

Sucedia vagamente ao sr. P. que essa repetição monótona absorvia alguma coisa, da natureza de uma duração, e assim facilitava certa modificação que se operava nele. Quanto mais ele executava o vão gesto de mexer e de esmagar seu açúcar, mais ele sentia que se aproximava de um ponto difícil de situar, mas contido em sua cabeça, atrás da região das visões e da vista.

Imediatamente seus olhares rompem sua fixidez, descrevem um arco, detêm-se na maçaneta de uma porta, voltam a seu dono; o giro na xícara se interrompe – e a Ideia vem, fala consigo, existe – a Ideia-mãe, que faz com que todo o corpo se erga, que o olho brilhe como uma espada desembainhada, que a inteligência tenha conquistado seu homem, vencido a resistência do vazio cerebral.

– Nunca saberemos qual era essa ideia. Política, ciência, negócios? Problema resolvido, projeto concebido, expressão atingida, limite transposto, começo ou o fim?

Importa pouquíssimo. Qualquer que seja o *assunto*, o açúcar desempenhou seu papel, e o tempo maquinal do movimento da colher.

Agora o olhar se torna *humano*: não é mais nem ausente, nem criador.

«No entanto, seria preciso pensar em Marthe...», diz o sr. P. «Ela está na idade... Não é mais criança...»

Outro mundo se declara: o mundo nº Zero, do qual tudo que é notável nos afasta e ao qual fatalmente retornamos. Dizem que esse é o mundo real, mas ele não passa de uma superfície de equilíbrio e o lugar dos pontos mais baixos de sabe-se lá qual sistema de corpo e mente.

As rosas do tapete renascem, e as coisas, de coisas que eram, tornam-se outra vez seres especializados, ornados de substantivos: piano, poltronas, pessoas que falam, pessoas às quais se fala, e fantasmas de pessoas das quais se fala.

O sr. P. volta a ser o sr. P.

*

ANTÍPODAS

Posso esquecer, olhando a palma de minha mão, que essa mão tem outro lado?
Essa seria a consideração *mais inocente*.
Uma formiga, vagando por essa mão, se perguntaria se é necessário crer nos antípodas?

*

EXPERIÊNCIA

Eu estava na minha cama, enroscado, do lado esquerdo, num frio cortante que me chegava à alma, apesar do leito morno, trespassado pelo penetrado uivo tão agudo do vento. Isto já é muito interessante: minha carne sentia frio a partir da orelha, e respondia com essa comoção mais interior do que superficial à acuidade do som.
Coloquei então sem pensar minha mão esquerda fria em minha mão direita quente, e tive uma surpresa. Se uma parecia um objeto estrangeiro, de forma e de

natureza bizarras, a outra mostrava-se *minha*, como que por uma distribuição recíproca de papéis; a mais quente das duas era mais minha.

Sem pensar, peguei então a minha mão esquerda fria na mão direita quente, e conheci o estupor. Se uma das minhas mãos se fingia um objeto estranho, de forma e natureza estranhas, a outra se tornava *minha*, como se fosse uma distribuição recíproca de papeis; a mais quente das duas era minha.

Em seguida, pensando mais à frente, concebi (mas com pouca precisão) que *eu era* essa diferença, e não apenas esta, mas diversas outras de todo tipo...

Lembrei-me então de um sonho, de trinta ou quarenta anos antes, em que eu cerrava o punho, que, no sonho, virava um cordame do qual se deduzia uma viagem, um naufrágio...

Fazem-se em nós, portanto, divisões da sensibilidade e uma oposição notável entre regiões simétricas, das quais uma toma momentaneamente a decisão de ser EU...

Que espaço estranho esse do sistema de nossos nervos sensitivos, ou melhor, das intuições que temos deles.

*

A Sociedade vive apenas de ilusões. Toda sociedade é uma espécie de sonho coletivo.
Essas ilusões tornam-se ilusões perigosas quando começam a deixar de iludir.
O despertar desse tipo de sonho é um pesadelo...

*

Aqueles que enxergam as coisas com exatidão demais não as enxergam exatamente, portanto.

L

CONTO

(esboçado ao acordar, num resíduo de sonho)

«O tesouro é guardado por um dragão (ou por um monstro de outra espécie) na Primeira Porta.
«Se conseguires deixá-lo furioso, vais colocá-lo à tua mercê.
«Ele descobrirá o coração e tu o trespassará.
«A Segunda Porta é guardada por uma mulher perfeitamente bela e mágica.
«Se conseguires enfeitiçar a ela, tu a colocarás à tua mercê. Ela te abrirá os braços e tu a acorrentarás.
«O Terceiro Limiar é guardado por uma criancinha triste. Se conseguires fazê-la sorrir...»
Aqui o conto foi interrompido, e senti muito distintamente que continuá-lo *seria inventar...*

*

OS LIVROS DE SABEDORIA

I

Um sábio tinha escrito o seguinte livro: «O tratado das coisas que ESTÃO atrás de nós e das coisas que ESTÃO numa gaveta», DO SÁBIO TI.

Porém, o Sábio NÔ observou que não era possível exprimir-se *sabiamente* assim, e que era preciso dizer «Tratado das coisas que ESTIVERAM – SE consultarmos a memória – ou das coisas que ESTARÃO, SE dermos meia-volta, ou SE abrirmos a gaveta».

E ele acrescentou que essa sutileza se justificava e se mostrava uma precaução de importância pela observação dos sonhos, estados nos quais não existe SE nenhum – nenhuma hipótese –, pois mal elas se formariam, afastariam aquilo que nos sonhos acontece como real, para tomar seu devido lugar.

Era assim que eles conversavam no meio de suas flores, e discutiam indefinidamente sobre o Ser e o Não Ser, pois se amavam e não conseguiam ficar um sem o outro, sendo a esposa de TI a amante de NÔ, cuja irmã mais nova fazia as delícias de TI. Essas duas jovens damas também se estimavam muito e faziam sua filosofia, pelas costas de seus sábios.

II

Havia muitos livros nos armários da casa de TI e NÔ, mas estes só faziam caso dos seus próprios, à exceção de uma pequena recolha que se chamava: *O tesouro das obras e tratados de Sabedoria que tiveram apenas seus títulos conservados.*

Atualmente, resta apenas uma página dessa recolha, na qual se lê:

– Tratado das Coisas que se vê com os olhos fechados, e daquelas diante de nossos olhos que são para nós como que invisíveis.

– Tratados do saber dos Ignaros e da ignorância dos Sábios, da fraqueza dos fortes e da força dos fracos etc.

– Chave universal das linguagens comparadas de nossos vários e diferentes órgãos, com suas transcrições em vernáculo.

– Tabela completa de frases inúteis e do verdadeiro método para servir-se delas, excluindo-se todas as outras.

– A História vista do Céu, na qual cada acontecimento

é acompanhado de vários outros que foram igualmente possíveis.

– A arte discreta de amar pouco e de tirar disso muito prazer.

– O Espelho das Faltas Ilustres, das Culpas Felizes e dos mais belos Erros dos Homens, por um deles.

– E enfim: As Metamorfoses do Vazio…

III

Os srs. Nô e Ti lamentavam ao pensar em tantas perdas. E resolveram escrever juntos uma grande obra: a um cabia pensar sem dizer nada, e ao outro escrever sem pensar nada.

*

Um vidente, num cemitério, viu sobre cada tumba um «dólmen» estranho de coisas pululando. Após algum tempo, ele decifrou aquele acúmulo de vida monstruosamente agitada, baralhada, e que parecia devorar-se a si própria e recomeçar… Aquilo era composto de tudo o tinha sido feito, sofrido, emitido, produzido

pelo defunto, durante sua carreira terrestre; diversos passos e refeições, sensações e ações, digestões e cópulas...
Mas pensamento, nenhum.

*

LAURE

Laure desde o amanhecer está comigo numa esfera única no mundo.
Denomino *Solidão* essa forma fechada em que todas as coisas estão vivas. Nesse hora primeira que não coloco nem nos meus dias nem nas minhas noites, mas numa conta bem distinta, tudo aquilo que está à minha volta participa da minha presença. As paredes do meu quarto me parecem as paredes de uma construção da minha vontade. A luz da lâmpada tem a natureza de uma duração. O puro folheto à minha frente é lúcido e povoado como uma insônia. Olho minhas mãos iluminadas como as peças de um jogo de combinações inumeráveis. Todo o grupo de cada instante me é sensível.

Para que Laure apareça, é preciso que todas as coisas sejam assim, e que todas as circunstâncias concorram para que eu esteja idealmente só. Laure exige e habita esse silêncio todo armado de esperas, onde às vezes eu me torno aquilo que espero. Ela espia aquilo que é sussurrado entre meu desejo e meu demônio. Seu rosto pálido é bastante vago, mas não seus olhares. Que força precisa!... Para ali onde pousa meu olhar, eles dirigem os seus. Se enfim fecho as pálpebras, esses olhos renascem e exigem. Seu poder interrogador me penetra, e acontece que não consigo sustentar sua profunda fixidez.

É então que o perfume tão delicioso dos antigos vestidos de Laure, das mãos e dos cabelos da verdadeira *Laure*, da Laure que foi de carne, surge do nada; ele põe abaixo meus pensamentos, mistura-se ou perturba-se com o amargo aroma das folhas mortas que são queimadas nos últimos dias do outono, e eu caio com todo o coração numa tristeza mágica.

*

MAGIA

… Nesse momento, o galo cantou e não cantou, e não era um galo – e talvez não – um momento. O vento refrescou e não refrescou – e o céu todo branco de astros não tinha existido. Ele tinha sido recusado a tempo, e assim todas as coisas.
E, a cada instante, aquilo que foi não tinha sido.

*

… Subitamente, no silêncio perfeito e no repouso geral de todas as coisas, à plena luz, um grande grito se *fez* ouvir. Mas nada de mais. Nada de visível seguiu-se… Por mais que se procurasse. Etc. Ilusão, supôs-se.
– Uma coisa brusca, de breve duração, não prevista e sem consequência nem rastros – não existe.

*

Tudo aquilo que nossos olhos veem verdadeiramente é acaso. Abri-los subitamente é como lançar dados. Tínhamos como que apostado que reencontraríamos nosso quarto; ou melhor, pelo contrário (numa ferrovia), que veríamos algo novo. Pode ser que percamos. O pintor, em busca do «motivo», vaga pelo campo, multiplica os olhares franzidos – quase como o amante de «paciência» distribui suas cartas, e desiste, e as reembaralha, e as arruma outra vez, na ordem inicial.

*

Eu *encontrei* Notre Dame. Quero dizer que ela me apareceu de repente (enquanto eu passava pela beira do rio) como um objeto desconhecido – sem relações anteriores comigo.
Eu a vi verdadeiramente ali – ou não?
Chamou-me a atenção, como teria chamado a de um heleno, seu estrangeirismo. Aquela formação bizarra de massas e de detalhes agudos, aquele emaranhado de colunetas – aquelas torres grossas, e a ponta fina mais além.

*

Montpellier. Uma estreita rua de pedra. Um gato preto cobrindo furiosamente uma gata malhada verde.

Ela uiva, mia atrozmente, repele-o e desaparece na pura treva, entre as barras enferrujadas de um bueiro de ventilação que estava atrás deles. O macho hesita. Após algum tempo, outro gato bem pequeno, branco e ruivo, aparece na ruela e avança lentamente. O outro por sua vez salta no buraco negro. O ruivinho pensa, fareja e mergulha no mesmo antro. Aparece um quarto gato, gordo, branco e cinza, com o ar indolente. Vem com prudência, e acaba seguindo os outros nas trevas...

*

NOTAS DE AURORA

SAUDAÇÕES... Coisas visíveis!
Eu escuto vocês, nosso *Hoje* cujo Exórdio é tão bonito... Eis aqui a mais recente edição do velho texto do Dia: o verbo SOL (esse verbo SER por excelência) desenvolve as conjugações de cor que lhe pertencem; ele comenta todas as proposições variadas de luz e de sombra de que é feito o discurso do tempo e do lugar...

*

A essa hora, sob iluminação quase horizontal, *Ver* se basta. Aquilo que é visto vale menos do que o próprio ver. Paredes quaisquer valem um Partenon, cantam igualmente bem o ouro. Todo corpo, espelho do deus, reporta a ele sua existência, dá graças a ele por sua nuance e por sua forma. Ali, o pinheiro queima pela copa; aqui, a telha se faz carne. Uma encantadora fumaça hesita em distanciar-se do ruído tão doce de fuga feito por uma água que corre na sombra, debaixo de folhas.

A alma, tomada por um frescor íntimo, por um temor, por uma tristeza, por uma ternura que ainda a opõem a tanta força crescente, mantém-se um pouco afastada, numa reserva inexprimível. Ela sente profundamente que os primeiros rumores no espaço que se ilumina estabelecem-se sobre o silêncio, que essas coisas e formas coloridas colocam-se sobre trevas, que esse azul tão puro, esse vermelho delicado, essas massas de esmeralda e essas coberturas de jacintos, essas transparências e esses pudores carminados estão dispostos e diluídos sobre a noite absoluta; e que esse langor de seu eu, essas reticências, esses esboços de estranhos

pensamentos, essas ideias singulares e como que isoladas dela própria, são ainda tentativas, fragmentos de sua presença, precárias primícias aparecidas no nada do sono ainda quente, e que poderia recomeçar. Não são mais sonhos; porém, os *valores* mais próximos desses valores primeiros são valores de sonhos...
Ainda não é completamente seguro que o dia iminente vá se confirmar, desprender-se do possível, impor-se à minha variedade total... O real ainda está em equilíbrio reversível com o nada e com todos os seus devaneios.

*

COMPOSIÇÃO DE UM PORTO

UMA LINGUAGEM repleta de termos barrocos, exuberantes e de todas as épocas, como o latim de Apuleio, viria bem para celebrar (não para descrever, que é um trabalho infeliz) tudo aquilo que satura a visão, a audição e o olfato, que excita o espírito, diverte o ser, nas beiradas, nos píers, sobre a água pesada de um porto marítimo.

O EXCESSO, O ABUSO DAS PALAVRAS restituirá a variedade dos momentos e dos elementos, a confusão das pessoas e das coisas, a multiplicidade das máquinas, das manobras e dos atos, do emaranhado de mastros e dos sistemas aracnídeos de linhas e de cordas, a alacridade das embarcações de serviço contra as imobilidades monumentais dos grandes corpos opacos de navios ancorados, os sonhos de forças dormentes nos enormes nós de toros e de tranças de cordas, as massas aglutinadas de malhas de correntes enroscadas, e os bizarros exercícios dos Titãs e dos Hércules de fundição que erguem e que pousam, após uma pirueta, seus fardos, no fundo de porões ou nas concavidades de barcaças cheias.

SOBRE TUDO ISSO, ESCRITOR, não deixes de fazer sair, transbordando de enormes chaminés, fortes turbilhões de trevas, tomadas de tempos em tempos por saídas improvisadas de vapor maravilhosamente branco; e canta o fluxo inconstante da brisa universal, sensível aqui e ali aos olhos graças à palpitação da cor dos pavilhões que ela percorre, ou ao mínimo movimento das roupas lavadas penduradas de uma tripulação; o ar exaspera as vãs tentativas de fuga das pernas vazias, dos braços de camisas erguidos em desespero...

EM SEGUIDA: tente fazer com que tenhamos a impressão de ouvir o ruído composto que resulta de todas essas causas. Inspira-te na perfeita desarmonia que fazem juntos o estalo da madeira, o som do ferro, o bramido brutalmente acidentado dos guindastes, o assustador e espaçoso mugido das sirenes, o queixume estridente das roldanas aquecidas, a voz do homem que iça, a voz do homem que berra, o latido de um cão de bordo, e os clamores indignados da galinha, enquanto um boi que está sendo embarcado muge, um dos seus esperneando no vazio, arrebatado vivíssimo aos céus, pela correia e pela grua, subitamente.

ACOLHA AGORA um carnaval inteiramente diverso de sensações, e não as menos imperiosas, que se harmonizam como podem nesse teatro, com as coisas vistas, que as penetram, que as envolvem, que as exaltam à presença mais real e mais próxima; estas são as intervenções, as flutuações ou as diversões das emanações, das exalações, dos odores, dos cheiros, dos fedores e dos aromas; as almas incontestáveis da hulha, do petróleo, da copra, dos óleos quentes, das laranjas e da graxa, do vinho barato e do bacalhau que seca, da sopa de peixe fumegante, de tudo aquilo que despeja no ar a confissão de sua natureza por alguma ínfima perda de matéria sutil.

PORÉM, DE REPENTE, Arcanjo irresistível inebriado de sal puro, o imenso espírito do mar surgindo, o *Vento do Oceano* passa, e seu voo absoluto dissipa, leva, anula essa profusão de fortes evanescências, de acres perfumes, de empireumas e de vapores, vil e rica mistura de eflúvios que se desprendem da vida...

M

Ser humano é sentir vagamente que há algo de todos em cada um, e algo de cada um em todos.
Nada prova que jamais serei do partido ou da opinião contrária. Há algo da vítima no carrasco, e do carrasco na vítima, do crente no descrente, e do descrente no crente. Há algo que permite passar de um a outro; e é talvez essa potência de transformação que é a essência mesma do verdadeiro Eu.

*

Entre mil indivíduos, um pequeno número sente e observa a vida como tentativa, meio, aventura. O resto a padece sem refletir, como um ciclo cuja perfeição seria a felicidade. Para todos, ela é algo dado, involuntário, e no entanto como que desejado, pois eles não podem não querê-la.

*

Existe uma solidão... *portátil* – certa convicção habitual da particularidade de si, determinado ponto de dessemelhança atingido, que o homem que chega a ele pode impunemente misturar-se ao mundo, sentir-se a cada instante, em meio a outros, distinto daquele que apresenta a eles, e que todas as vezes não passa de seu produto. Este não tem necessidade do deserto. Ele leva consigo, sempre próxima, a inexistência das palavras e das opiniões alheias, dos valores dados pelos outros, e daqueles que os outros recebem dele próprio em troca.

*

Cada homem sabe uma quantidade prodigiosa de coisas que ignora que sabe. Saber tudo o que sabemos? Essa simples investigação esgota a filosofia.

*

Um homem absorto na mais profunda meditação. Seu rosto está vazio, seus traços nada escrevem nele. Como é possível estar tão longe daquilo que temos de mais próximo?

*

O homem procura desde sempre a que pode servir bem aquele *quê a mais de inteligência* que ele sente em si, aquele excesso que lhe diz que não existe uma solução exata do problema de viver, pois sempre se encontra algo com o que não estar imediatamente satisfeito, sempre abaixo ou acima da circunstância, tanto que ele enxerga sua vida mesma como problema, como desequilíbrio.

Esse quê a mais o leva a seu pouco demais.

*

«Verdade» é não apenas conformidade, como também valor.

Aqueles que creem possuí-la, possuem-na; somente eles.

*

Temer a verdade como o fogo, cujas propriedades ela possui. Nada lhe resiste.

*

A verdade está nua; porém, sob a nudez, está o écorché.[2]

*

Nem sempre o falso é solúvel no verdadeiro.
Nem sempre o verdadeiro anula o falso. Eles só se opõem como representações; não se opõem como forças de ação. Um e outro agem e matam, igualmente bem e com igual frequência.

*

O que é simples é sempre falso. O que não é, é inutilizável.

*

---

2 O desenho da anatomia humana mostrando os músculos, como se a pele tivesse sido arrancada. (N.T.)

O Verdadeiro se opõe ao Bom e ao Belo tão frequentemente quanto se queira.

*

A esperança faz viver, mas como sobre uma corda bamba.

*

Que joias da vida, que momento de diamante jamais valerá a dor que pode causar sua perda?

*

Diz-se que o polegar opositor é aquilo que diferencia mais nitidamente o homem do macaco. É preciso acrescentar a essa propriedade outra que temos, a de nos dividir contra nós mesmos, nossa faculdade de produzir o antagonismo interior. Temos uma *alma opositora*. Talvez o eu e o me de nossas expressões refletidas sejam como o polegar e o indicador de alguma mão de... Psiquê? Assim as palavras *compreender* e *apreender* ficariam bastante bem explicadas.

*

Uma frase às vezes se ilumina dentro da alma como que por si própria, como MENÊ, TEQUEL, PERÊS.[3]

E nada além desse modo de aparecer lhe dá autoridade. Ela se impõe, pois produziu-se espontaneamente no ponto em que tudo que chega a produzir-se impõe-se. Toda discussão, toda dúvida, toda resistência possível só podem surgir numa parte do tempo de gestação dos pensamentos anterior a esse ponto em que o indiscutível se manifesta.

É tarde demais para falsear aquilo que tomou o ser do verdadeiro.

*

A esperança enxerga um defeito da couraça das coisas.

*

---

3 Ver Daniel 5,25. (N. T.)

O ansioso essencial procura algo a temer. Ele possui sua música. As palavras lhe faltam. Ele não deixa de encontrá-las. Poucas coisas são menos custosas à inteligência do que a formação de alguma catástrofe.

*

Um egoísmo radical e razoável não está ao alcance de todo mundo, que é medíocre nisso mesmo, como em tudo.

*

Os homens são furiosamente pródigos em relação aos bens dos outros, e em particular aos prazeres deles. Sacrifiquem-se, dizem eles, privem-se. Eu, aqui, vou ficar bem sem.

*

Existe no homem um traidor chamado *vaidade*, que troca segredos por elogios.

*

De um que fazia o mal por medo de fazer o bem só por temor; e, quando fazia o bem, desprezava a si mesmo: não conseguia suportar ter cedido à compaixão.

*

Todos os juízos sobre os homens ou sobre as obras que são louvores ou culpas são juízos de porteiros: juízos de cérebros que estão na porta das coisas.

*

Quando basta uma nota de piano bem longínqua, em certa circunstância, em tal longitude e latitude psicológicas, para produzir certos efeitos, como que ultraprofundos na alma, para paralisar as forças, perturbar o dia, instigar ressonâncias inconcebíveis, podemos ficar surpresos porque palavras insignificantes, coincidências, sonhos, expressões distraídas do rosto às vezes assumam um valor tão grande de *signos* e se imponham a nós como revelações ou injunções, mais verídicas e mais imperiosas do que qualquer conhecimento positivo e bem acabado?

Porque esta é a autoridade desse enganador: o sentimento.

*

«Confiar suas dores ao papel.»
Que ideia esquisita. Origem de mais de um livro, e de todos os piores.

*

Política da vida.
O real está sempre na oposição.

*

Temos como apreender aquilo que não existe e como não enxergar aquilo que nos salta aos olhos.

*

O homem tirou tudo aquilo que lhe faz homem dos defeitos de seu sistema. A insuficiência de adaptação, as desordens e as imprecisões de suas acomodações, os acidentes e as impressões que lhe fazem pronunciar a palavra *irracional*, ele os consagrou, ele encontrou neles profundezas e um produto bizarro, a «melancolia»; às vezes, o sinal de uma era de ouro desaparecida ou o pressentimento de um destino indefinível.

Toda emoção, todo sentimento marca uma falta de adaptação. Aquilo que chamamos de consciência e de inteligência se implanta e se desenvolve nesses interstícios.

O cúmulo do humano é que o homem tomou gosto por isso: procura da emoção, fabricação da emoção, desejo de perder a cabeça, de que ela seja perdida, de perturbar e de ser perturbado. Todavia, é verdade que aqui e ali há a necessidade fisiológica de perder a inteligência, de enxergar falsamente, de formar imagens fantásticas, para que se realize o amor, sem o quê o mundo acabaria.

*

Bela divisa de um alguém – de um deus, talvez? «Eu engano».

*

Aquele que pressente, encontra e aceita seus limites é mais universal do que aqueles que não sentem os seus. Esse finito sente que contém os infinitos deles.

N

O alimento da inteligência é aquilo em que ela nunca pensou. Ela o procura sem saber. Ela espera sem saber aquilo em que nunca teria pensado.

*

Enquanto aquilo que aprofundamos ainda se parece com o que era antes desse trabalho, nada fizemos.
O microscópio torna incognoscível aquilo que colocamos sob a platina.

*

As qualidades eminentes da inteligência são exercidas necessariamente às custas do real.

*

Sem dúvida existem coisas que só podem ser expressas num invólucro de tolices, por absurdos, por contradições. A desgraça é que essas são precisamente as mais preciosas.

*

Só tenho a sensação da *verdadeira natureza* diante de relações inesperadas, aquelas de que uma cabeça humana jamais teria ideia, daquelas que derrubam nossas opiniões sobre a importância, nossa hierarquia das consequências, nosso senso do possível e do útil; que trespassam nossa concepção das coisas como um obus ou como um relâmpago trespassa uma casa. O relâmpago é um bom exemplo, por suas trajetórias originais e pelas miudezas inocentes de sua passagem, fundindo, consumindo, respeitando, como que por capricho, nosso mundo material, isto é, violando nossas expectativa, nossas construções mentais...
Estamos acostumados a nos antecipar ao real, a prolongá-lo, como faziam aqueles que viam a terra plana e que não podiam imaginar os antípodas. Porém, o real diverte-se com nossas antecipações: talvez ele seja simplesmente aquilo que *sempre* faz com que eles estejam errados.

Procuramos, deciframos as linhas gerais, mas não há linhas na natureza, não há prolongamentos garantidos. Ela é um texto que devemos nos resignar a decifrar palavra a palavra. O resto é filosofia, isto é, uma investigação *daquilo que já foi encontrado*. Esse método já mostrou seu valor: nenhum conhecimento positivo lhe é devido. Felizmente, o acaso mostrou-se magnânimo: colocou a América diante de Colombo, favoreceu Ørsted e Röntgen, e também Becquerel. O que pode ser mais confuso para o espírito metafísico do que a história daquele pedacinho de âmbar manifestando tão humildemente uma potência que está em toda a natureza, e que é talvez toda a natureza, e que, durante todos os séculos menos um, só se mostrava por ele?

*

Considere tudo aquilo que é negligenciado por esse ser – tudo aquilo que para ele não é nada.
Haveria como alimentar mil vidas da visão, da audição, do pensamento, naquilo que se vê sem enxergar, que se ouve sem escutar, e que se diz sem saber.

*

Besteira de si, besteira dos outros – a besteira deve ser considerada o fator positivo e certo nos negócios e nas combinações da vida: projetos, previsões, dramaturgia social, familiar etc.
É preciso contar com ela e conceder-lhe seu quinhão. Não se pode jamais esquecer que os homens não sabem o que fazem, assim como não sabem nem podem saber o que são, e que basta olhar os desenvolvimentos do ato mais refletido, e até mais feliz, para poder e dever classificá-lo entre as produções do «acaso».

*

O pensamento desenvolvido pode ser julgado severamente, chamado de vício, de ocupação ainda mais tola e superficial quanto mais profunda for, em virtude do simples fato de que o pensador chega a poder pensar que o tempo de comer é tempo perdido.

*

O HOMEM PENSANTE

Uma forma de homem em sua poltrona, bizarra flexão sob uma carga metade ideia, metade massa; pernas cruzadas; uma mão tesa consola a testa. Em todos esses contatos sensíveis separados, pontos e espinhos que sustentam como um ouriço o pensamento, aferrando-o ao permanente, ao *Corpo*, por algumas sensações e movimentos periódicos.

E se essas sensações desaparecessem lentamente, o pensamento só por isso se tornaria sonho, ou até desapareceria.

*

O filósofo rói as unhas. O general coça a testa. O geômetra arranca os pelos. Napoleão cheira sem parar o rapé.

De onde vêm *as soluções*?

Porém, por outro lado, o que se entendia assobia indefinidamente, fura buracos iguais em seu papel; traga o cachimbo, anda de um lado para o outro – e faz o que faz o pêndulo do pêndulo.

O queixo, o nariz, a testa, os dedos, as pernas, os pelos, órgão da meditação. Também o cano da chaminé à frente, a árvore de Kant.
Esses objetos, essas mordiscadas são pontos de referência.

*

A inteligência... é ter sorte no jogo das associações e das lembranças oportunas.
Um homem inteligente (*lato* e *stricto sensu*) é um homem que tem boas sequências. Ganha muitas vezes. Não se sabe por quê. Ele não sabe por quê.

*

Os maus raciocínios, as noções impuras, as ideias vagas, as ignorâncias em ato, as tolices e ingenuidades desempenham no mecanismo espiritual o mesmo papel que os conhecimentos, os métodos, as combinações mais notáveis. O erro e a impotência funcionam. Certos esquecimentos, e às vezes, pelo contrário, certas reminiscências inconscientes; certa parada excessivamente prematura ou excessivamente tardia, certa reação prematura ou preguiçosa – e eis alguns resultados bem diferentes, mas a vida se acomoda a eles como teria feito com as soluções mais exatas.

*

As grandes inteligências acreditam naquilo que acreditam que lhes tornará maiores. Crer naquilo que faz crescer. Crer em si não é crer nas crenças comuns: uma crença comum não dá a sensação de crescimento.

*

Que riqueza esse poeta, a desagregação do dado, combinações novas, e portanto invenções do verdadeiro, novidades que sempre existiram!

*

A imaginação vulgar nada produz além de transposições do vulgar verdadeiro para o vulgar falso, exageros, uma proliferação que se estende no absurdo sem consequências, sem fruto, sem interesse.

Porém, enriquece-me aquilo que me faz enxergar de maneira totalmente diversa daquela como enxergo todos os dias.

*

A contradição é um fato.
Acontece de nos contradizermos. Esse fato deve resultar da natureza da linguagem, e dá a sentir sua diferença para com o próprio pensamento.

*

Quando se celebra o «pensamento», celebra-se um número muito pequeno de produtos de um número muito pequeno de seres.

*

A maior parte dos pensamentos que seguimos, projetos, opiniões etc., poderiam ser tiradas na sorte.
Quanto às questões que atormentam a metafísica e a consciência (e que fariam a dignidade do homem se fossem dados ouvidos àqueles que as cultivam e que

as criam em cativeiro), elas equivalem aos movimentos de animais trancados que vão indefinidamente da direita para a esquerda e da esquerda para a direita até cair de cansaço. O pensador está enjaulado e se move indefinidamente entre quatro palavras.

*

Qualquer que seja o valor, o poder penetrante de uma explicação, ainda e sempre é a coisa que ela explica que é a mais real – e, entre sua realidade, precisamente esse mistério que se quis dissipar.

*

Este é um «espiritual».
Ele não tem necessidade de objetos encantadores.
O vidro cinza, o canto escuro lhe bastam. Seus olhos se agradam com isso. A nudez do Sol, a planura da parede monótona para o olhar.
Quadros, vasos, tapetes são para os pobres. Eles mendigam lustres e bronzes.
Porém, este é um «espiritual», um rico, um pródigo.

O vazio de seu quarto não passa de uma aparência vã. Ele enxerga em torno de si todo o luxo sempre renovado de seus tesouros, os grupos graciosos de suas palavras, os espelhos em que se estendem ao infinito as consequências e as perspectivas de seus pensamentos, as luminárias adiamantadas de sua fé, de suas sublimes esperanças…
Ele é verdadeiramente o único dos homens a estar *em casa*.

*

Aquele que deseja impor suas ideias tem pouca certeza de seu valor. Tende a fortalecê-las por todos os meios. Ele assume certo tom, bate na mesa, sorri para fulano, ameaça beltrano; empresta a seu corpo meios para sustentar sua mente.

*

Entre mente e mente:
– Não encontro mais aquela palavra, aquela ideia…
– Mas que interessante!

– Não encontro a solução do problema.

– Mas que interessante!

– Na verdade, procuro uma ideia que me veio agora há pouco, e que se mostrava, se propunha para ser notada. Pensei então que eu a perderia... O que aconteceu. Eu volto *como que ao lugar dela*, e não encontro nada além de uma vaguíssima estrutura naquele local da mente em que ela se tinha formado; e, principalmente, onde eu a tinha refeito, reexprimido em palavras. Eis que não sei mais do que se tratava... *Mas havia alguma coisa* ALI!

O

A morte, em literatura, é um som grave. Não há nada a dizer a seu respeito. Aqueles que fazem uso dela são exibicionistas. Eles usam, contra a mente, a ideia de um fato cujos limiares são objeto apenas de especulação, e tão livre quanto a mente queira.

*

O homem possui certo olhar que o faz desaparecer, ele e todo o resto, seres, terra e céu; e que o fixa, um tempo fora do tempo.

*

A dignidade de nossa vida muitas vezes está ligada a nossas repulsas; às vezes, à nossa covardia; com frequência, à nossa inércia ou à falta de ideias; e acontece que alguma deficiência assuma enfim a figura de um orgulho. O que nos falta, o que nos abençoa, nos distingue. Um homem elegante, expansivo, bem falante, e que não saiba ler certamente seria apreciado.

*

O que é um tolo? – Talvez seja apenas um homem pouco exigente, que se satisfaz com pouco. Assim, seria o tolo um sábio?

A maior parte dos homens suprimiram a si mesmos mil vezes na imaginação, e mil vezes exaltaram-se e divinizaram-se na mente. Mil vezes destruíram o mundo, e mil vezes o recriaram: só existe essa alternativa. O zero e o infinito são dois produtos comuns da sensibilidade.

*

Toda a «seriedade» e toda a tragicidade da «vida» são feitas de circunstâncias e de incidentes de qualidade inferior. Emoções, volúpias, dores, angústia, entusiasmos, desejos, ódio, preocupações, tudo isso é vil em si e só pode ser redimido por certos efeitos que esses afetos às vezes produzem no domínio superior, entre os quais a consciência, e, singularmente, a consciência mesma dessa qualidade inferior.

Digo vil porque isso é não apenas comum, mas também acidental. Parece-me que a reação nobre de um ser consistiria na recusa de suportar tudo aquilo que torna *profundo*, mais profundo do que quer, do que pode ser um efêmero, e lhe faz crer que faz um pouco mais do que existir... É preciso despojar-se daquilo que não se é.

*

O homem público avilta o homem particular. A glória é dura para quem tem ciúmes de si mesmo.

*

O homem é um monstro. Toda sua indústria é gasta em defender e em exagerar sua monstruosidade. Ele é o rei da criação por causa de seu poder de destruir. O homem só pode criar às custas da criação.

*

O homem tem instantes de poder supremo ou de sensação de poder supremo sobre suas ideias. Às vezes lhe parece estar exatamente no ponto de divisão entre todo o conhecido possível e todo o incognoscível, como se todo o conhecido possível se resumisse no sentimento da função de conhecer.

*

Tenha uma mulher que não creia no que vê.

*

Quem nunca apressou o passo até um palhaço?

*

O que não é mais forte do que aquilo que é – esse é o estado frequente do homem.

*

O natural é entediante.

*

Uma expressão (de rosto ou de linguagem) tão justa que só podia ser fingida, isto é, preparada.

*

Toda religião, na medida em que se propõe como recurso, libertação de um mal, alívio, oferece seus meios próprios de depreciação de todo objeto sensível de desejo: para esse fim, ela dispõe dos seguintes símbolos extremos: o nada, o infinito...

*

A dor é aquilo que sentimos de mais nosso e de mais estrangeiro.

*

Um ponto do *meu corpo*, a ponta do meu dedo, descreve no espaço uma linha ininterrupta de sua formação à sua dissolução. E é maravilhoso imaginar a história dessa linha, com seus momentos e segmentos de participação em atos conscientes ou inconscientes, suas trajetórias de abandono para a alma, seus saltos de violência vital arrancados pela dor de uma queimadura...

Há também que se visualizar a história de uma «PA-LAVRA» – de uma mesma PALAVRA, de suas entradas inesperadas em cena, como que para dar a réplica do Eu à circunstância.

Ó, Palavra Essa! Quantas vezes, milhares de vezes, me vieste aos lábios da mente, apareceste como escrava do instante e de minha lâmpada, e em quantas combinações?

Às vezes te basta aparecer para que teu próprio efeito te faça afastar e lançar para as trevas exteriores, mal esboçado pela mente...

Outras vezes, iluminas a situação do conhecimento, onde vens te colocar por magia, como uma chave de abóbada, que fecha e sustenta uma frase.

Imediatamente entras em sabe-se lá quais bastidores.

*

Sobre certos seres:

Inferiores nas coisas mais comuns, superiores nas

mais raras; como que cegos para o Sol, e clarividentes na noite.

P

Há para nós momentos em que nosso pensamento nos aparece num instante mais rico do que nós, prenhe de mais consequências, profundo com mais profundidade do que jamais poderíamos explorar.
Comparo esse efeito à irradiação que produz na retina um ponto singularmente luminoso – na superfície de sensibilidade excitada em torno de uma picada.

*

As almas valem pelo que exigem.
Eu valho aquilo que *eu quero*.

*

Toda mente pode enxergar-se como um laboratório natural em que tratamentos particulares são aplicados na transformação de uma substância geral.
Os produtos de uns surpreendem os outros. Um ob-

tém diamante a partir do carvão comum, sob pressões e temperaturas desconhecidas aos demais. Faz-se a análise. Não passa de carbono, dizem. Mas ninguém sabe reproduzi-lo.

*

Só existe uma coisa a fazer: refazer-se.
Não é simples.

*

Mística.
Uma alma dentro da alma, e, dentro da primeira, entrever a segunda ou a sua, e outra dentro da outra, e assim por diante; como, dentro de espelhos paralelos, um objeto que está entre eles.
Mas que objeto? – Ora, não há objeto.

*

Ternura mudada em força.
A fraqueza geral do corpo, abandono, ternuras – transforma-se na força irresistível dos braços – em abraço,

em atos fortes.
Eles reconduzem a uma fraqueza.

*

Amor, dor de amor, são às vezes como aquelas melodias que não conseguimos tirar da cabeça. Somos perseguidos pela ternura amarga, tola.

*

Como é possível que a mente de súbito se perceba a si própria, se sinta vagando – produzindo vidas... e volte a si, como num caminho montanhoso em ziguezague, em que enxergamos *onde estávamos* – no alto, ou embaixo, e nos surpreendemos por ter estado lá, ou em corpo, ou em alma, ou em espírito... Ora! Gostei disto, fiz aquilo, acreditei naquela coisa... Eu pude fazer esta outra... Etc.

Quantas pessoas esqueci! A começar por *esta* – eu mesmo –, que não tem memória fiel, mas apenas infiel, aquela que não faz o que quero, de que tenho necessidade. E o que permanece o mais eu é aquilo de que menos tenho de ocupar-me.

*

Os pensamentos guardados para si perdem-se. O esquecimento faz com que bem se veja que *si*, que *eu*, não são *ninguém*.
Sou esquecimento tanto quanto pensamento.

*

Um homem imaginava fadas, e muitas maravilhas que se ofereciam à sua própria dissipação sucessiva, pois a criação da mente é, em verdade, uma destruição indefinida do belo pelo mais belo, do feio pelo horrendo, do mal pelo pior e do verdadeiro pelo falso – (exatamente na mesma medida em que do falso pelo verdadeiro). Sem isso, a mente seria a mente?

Mas, de Mesmo em Mesmo, e de aventura em aventura, de perigos em prazeres, de furores em ternuras, e de coisas em outras coisas, ela chega a um cenário, a um lugar, a objetos que a surpreenderam a tal ponto que ela os reconheceu como aqueles mesmos que a cercavam... e reencontrou seu quarto, suas paredes, suas mãos, todo seu real, como o termo último

de todas essas transmutações.
Porém, depois de tudo, o real nada mais é do que um caso particular.

*

É falta de imaginação do olhar e ausência de distração profunda a necessidade de contos, de viagens e de extraordinário, quando basta fixar um pouco os olhos para mudar o conhecido em desconhecido, a vida em sonho, o momento em eternidade.
E assim a curiosidade mística e metafísica.

*

Tudo aquilo que pensamos vale (pois isso sucede como que ininterruptamente, e da maneira mais heterogênea possível) *enquanto pensamento* – assim como tudo aquilo que vemos sucessivamente vale *enquanto exercício da visão*.

*

O que não parece nada não existe.

*

Quanto mais prático é um espírito, mais abstrato é.
O camponês só enxerga as cores como sinais de madureza ou de corrupção. A prática só encontra nas coisas propriedades necessárias e suficientes.
A prática e a matemática estão de acordo nesse ponto.

*

Sempre há naquilo que agrada algo de verdadeiro – algo de falso naquilo que choca.

*

… A mente volta aos lugares, à localização daquilo que ela foi, e considera *ali* onde era dor, amor, luz, criação, música, discurso sem pessoas, teatro dos possíveis. O que mais ela vê?
Só restam… as *quatro paredes* – quase invisíveis durante o espetáculo. O Meu-Corpo e o Meus-ambientes – na luz sem cores. Frio nas mãos, nos ombros, e, nas orelhas, o ruído de seda dos élitros do tempo.

E certa necessidade muito humilde, muito forte – ou a de tomar um café quente, se esboça, se acusa... – Essas sensações concluem tudo, e introduzem sua límpida boa conclusão no fluir, no fluxo, na dissipação instantânea que não é ausência, nem presença, mas a vida amorfa, da areia da existência...

*

O passado vive de acasos. Todo incidente *tira* uma lembrança.

*

Não és tu o futuro de todas as lembranças que estão em ti? O futuro de um passado?

*

Nossas ideias mais claras são filhas de um trabalho obscuro.

*

A consideração matinal.

O ser, ao despertar, bem no raiar do dia, ainda pouco daquilo que é pelo nome e pelo resto – mal ele próprio; mas um Eu natural, mas ainda simples o bastante para sentir, para tratar igualmente todas as coisas.

Ele é *anterior* à desigualdade adquirida e apreendida.

Ele está fora do mundo, não envolvido, não parte, mas juiz puro.

Então a sotia política, a miséria das inteligências etc. lhe aparece em terceiro lugar junto com o Eu e a aurora, presentes e ocultos na penumbra.

Logo ele se tornará aquilo que acaba de desprezar.

*

O DEUS «EU»

O Eu é uma superstição que se estende ao chapéu, à bengala, à esposa de alguém, e que lhes comunica um caráter sagrado, marcado pelo possessivo.

Meu chapéu exprime uma crença – (a de que certo chapéu possui relações místicas com o deus eu e que existem atos permitidos apenas a *mim* que podem ser

exercidos sobre ele).
Meu mal, *meu* inimigo…
Esse eu toca tudo, se mistura a tudo…
Quem se libertará dessa palavra?
Existem no entanto loucos que têm a sabedoria de falar de si mesmos na terceira pessoa!
Todos os outros são possessos, habitados por um espírito maligno que pretende chamar-se eu.

*

Quando penso, sonho.
Pois falo em mim como se alguém estivesse ali.
É preciso que haja esse diálogo fictício.
Sem ele, não há pensamento.
E enfim, essa palavra, seu significado só vale
Depois. – *Eu escolho* em sua emissão,
Eu me desperto dessa produção.

*

DIÁLOGO NOTURNO

– Quem está aí?
– Eu!
– Quem, *Eu*?
– Tu.
E eis o despertar. O Tu e o Eu.

*

Mal-estar por nos sentirmos *bons* quando nos permitimos pensar tudo, dizer-nos tudo. Mas então nem mesmo somos... *maus*.
Tudo dizer a si mesmo é enfim rejeitar todos os atributos – tender ao EU PURO.

*

Meu acaso é mais eu do que eu.
Uma pessoa é apenas respostas à quantidade de acidentes impessoais.

*

Faz diferença que o passado não esteja apenas morto pela metade.

*

Uma coisa é perfeita quando o olho, a mão, a voz, a memória não conseguem se cansar de percorrê-la e de fazê-la indefinidamente sua.

*

O homem de gênio é aquele que me dá gênio.

*

O universal só existe naquele que é suficientemente grosseiro para sê-lo.

*

Tudo começa com uma interrupção.

*

A riqueza mental da humanidade é inteiramente constituída de mitos.

O grande problema que começa a esboçar-se é este: se a humanidade poderá ou não suportar um «universo» médio comum esterilizado, acabado – onde os desenvolvimentos do conhecimento serão apenas a multiplicação dos pontos assinalados de uma cerca intransponível – a da sensibilidade, na qual o bem-estar, a longevidade, a volúpia serão talvez crescentes?

*

A Erixímaco:

A alma prepara surpresas para o organismo; o organismo as prepara para a alma.

A alma é ora mais cega, ora mais clarividente do que o organismo. Ora se comporta em relação ao corpo como uma simples parte, como um subordinado que empenha tudo e que arrisca tudo sem saber o mérito da questão; e, ora, guia e conserva esse corpo como um piloto ou um adivinho a que uma nave se confia.

Ora, o médico é alma. E faz o bem e o mal a nosso corpo exatamente como a alma.

*

Comparação:
Há quem possua vasta folhagem e poucas raízes.
Porém, é a harmonia ou o equilíbrio desses dois sistemas de pesquisa das fontes da vida que se deve pedir aos deuses.

*

Falar consigo é pensar que se fala; porém, é falar aquilo que se pensa.

Q

O OUTRO

A cólera nascida contra um passa para *o outro* – que às vezes é um vaso, um móvel. É preciso um *outro*, deus, mesa ou bacia, para receber o primeiro acesso do nosso furor. O cúmulo dessa reação, que se eleva de nós bruscamente, e, como uma lama de fundo, submerge todo o instante e vence toda resistência – é admirável: acontece de esse transporte ser de uma violência tal que lança o ser mesmo contra si e faz dele mesmo esse *Outro* que é preciso quebrar para amortecer toda a energia viva desacorrentada. Há aí uma ignorância total que pode servir para que se reflita sobre a verdadeira natureza daquilo que é chamado de eu. Esse efeito não é menos notável do que aquele que produziria em nós um homem tão esfomeado que comeria as mãos para apaziguar essa fome extravagante.

*

Dizer que um homem é «mais inteligente» do que nós é dizer que ele é mais senhor do que nós das coisas que estão *em* nós.
Tu manobras minhas palavras melhor do que eu, minhas imagens melhor do que eu.

*

A doçura de admirar-se, de agradar-se, de responder exatamente – pedimos os meios, os motivos disso – aos Outros! Suplicamos que nos concedam o prazer de nos amar a nós mesmos.

*

Aquele que me interroga não pode, no mesmo ato, deixar de responder-se alguma coisa. Isso é «fisiológico».
Se não fosse assim, minha resposta sempre o satisfaria.

*

Daquilo que mais ocupa, é do que menos falamos. Aquilo que está sempre na mente quase nunca está nos lábios.

*

«O quê? O quê? Não ouvi bem – Repita!» – É que ele ouviu bem demais.

*

Em toda discussão, não é uma tese que defendemos – somos Nós mesmos.

*

Toda discussão reduz-se a atribuir ao adversário as tintas de um tolo ou a figura de um escroque.

*

«Convicções».
Palavra que permite colocar, em boa consciência, o tom da força a serviço da incerteza.

*

Todas nossas opiniões têm nossa vantagem por campo de forças.

*

Uma opinião é uma escolha que fazemos conhecendo apenas parte das coisas, supondo que vemos seu todo e todas as suas consequências.

*

Olhando de perto, vemos que existe certa inveja secreta nos desprezos.
Imagine bem aquilo que você despreza, e você vai sentir que é sempre uma felicidade que você não tem, uma liberdade que você não toma, uma coragem, uma destreza, uma força, vantagens que lhe faltam, e das quais você se consola com esse desprezo.
Vomitamos aquilo que não digerimos.
É nisso que aquele que se vangloria de desprezar o ouro e a prata demonstra uma fraqueza, um medo

de ser soterrado, diminuído, preso pela fortuna, coisa que não se deve nem desdenhar sem conhecer, nem conhecer sem desdenhar.

*

O pobre é o produto de uma transformação fácil efetuada sobre o rico; o rico, o de uma transformação difícil efetuada sobre o pobre.

*

O que é mais ingênuo do que dar o bem pelo bem, o mal pelo mal? É o grau elementar. Um tipo de progresso consiste em cruzar esses efeitos, em dar o bem pelo mal, o mal pelo bem, o que define, em primeiro lugar, os seres bons e mais do que bons; e, em segundo, os seres estranhos, perversos, muito mais desumanos do que os outros. Essas duas espécies são mais raras do que aquela que mencionei no começo. Porém, mais rara ainda será a espécie daqueles que não dão ao que se lhes faz nenhum seguimento que se possa atribuir a uma reação que vise à sensibilidade ou à inteligência daquele que os tratou bem ou mal. Esses parecem considerar o Outro infinitamente estrangeiro, coisa ou bicho, com o quê as relações são puramente físicas. Eles julgam, sem dúvida, que amar, odiar, perdoar, vingar-se, acariciar-se ou acalmar-se são erros, tolices ingênuas ou reflexos, tão vãos quanto a fúria contra a pedra na qual machucamos o pé.

*

Os primitivos nos parecem ou estúpidos, com maravilhosos dons animais, às vezes; ou então nos parecem loucos.
É esse o nosso sentimento sobre nossas origens.

*

Sobre nossas relações com nós mesmos:
Julgamo-nos, surpreendemo-nos, imitamo-nos, odiamo-nos.
São exatamente as mesmas relações que temos com os outros. E não podemos inventar relações que valham exclusivamente para nós.

Somos feitos de dois momentos, e como que da *demora* de uma «coisa» sobre si mesma.

*

Duplicidade:
Se você quer parecer jogar um jogo duplo e ter um papel duplo, represente o seu próprio.
Para parecer inconstante, basta permanecer aquilo que se é – constante ou não.

*

Tipos clássicos renovados
O AVARENTO

O avarento só amava a possibilidade. O exercício do poder de compra não o empolgava. Porém, tudo aquilo que podia render um bocadinho de ouro era quase infinitamente mais do que aquilo que o bocadinho dá em ato, e o gozo da perspectiva para ele valia mais do que o de qualquer uso que esgotasse essa duração. Ele também amava o mistério da potência materializada. O avaro é um «espiritual»; ele é todo *vida interior*.

*

OS DIVERSOS DON JUAN

DON JUAN I considerava:
que uma mulher é apenas uma nota, um timbre, uma cor entre as cores, e que aliás não se desfruta dela, não se tira nem se dá todo seu valor se ela não for colocada numa gama, numa diversidade de outras, entre as quais ela possa valorizar e ressaltar o que tem de único... Ele era um artista, um joalheiro que fazia colares.
DON JUAN II – era caçador. Amava sua destreza. Tantas peças no tabuleiro. Tantos golpes infalíveis.
DON JUAN III – um *colecionador*. Reunia, agrupava, classificava um álbum de lembranças...
Um quarto Don Juan era um virtuose. Procurava o *Stradivarius*, o instrumento único da volúpia.

*

Escreve-se a vida de um homem. Suas obras, seus atos. O que ele disse, o que disseram dele.
Porém, o mais vivido dessa vida escapa. Um sonho

que ele teve; uma sensação singular, dor local, surpresa, um olhar; imagens favoritas ou obsessivas; uma melodia que vem cantarolar nele, em certos momentos de ausência; tudo isso é mais *ele* do que sua história conhecível.
Talvez, aquilo que haja de menos nós em nós seja precisamente aquilo que figura, ou que pode figurar nessa história? Afinal, dez pessoas que a leem imaginam, para os mesmos fatos, dez heróis diferentes.

*

O «indivíduo» é um erro sobre as condições da vida. Para ela, não há indivíduos.

*

O homem não é uma solução exata do problema de viver; há nele certo excesso de algo sutil; um pouco a mais do que o necessário para cumprir os deveres de animal caçador e às vezes amoroso. Todavia, não o suficiente para que ele se desfaça dos tormentos que esse excesso lhe causa. Um pouco a mais de mente o protegeria da mente. Seu gênio permanece um intervalo.

*

«Existência» agrada aos filósofos. Eles imaginam que dizer «esta mesa existe» é dizer algo muito mais do que falar desta mesa, ponto. Sem dúvida, quer ela exista ou não, nada mudou no fato. Porém, eles adoram ser os mestres de afirmar, se preciso for, que ela é um sonho, batendo nela com força.
Porém, se eles fazem mal a si próprios, não conseguem duvidar de seu mal.
... É que eles entendem, ou julgam entender, por «existência» algum valor que não existe.

*

Constantemente apostamos sem saber. Em seguida, ficamos exasperados por ter apostado e perdido.

*

Um homem competente é um homem que se engana segundo as regras.

*

– O futuro fará justiça a X.
– Tenho medo disso. Ele será digno de X.

*

As pessoas boas desejam, sem saber, toda a infelicidade do mundo ao «mau sujeito».

*

Se todos têm uma boa opinião de um caso ruim – ele é um caso bom.

*

O homem eternamente dá queixa contra Desconhecido.

*

A humanidade é muito jovem: sua memória, curta. Sempre, portanto, se pode supor que as leis físicas conhecidas sejam apenas os resumos de observações insuficientemente prolongadas, e que essa humanidade (científica) só tenha existido até aqui entre duas manifestações de leis prodigiosas e descontínuas, entre dois saltos da ordem do mundo. Porém, um homem que observa um relógio do minuto 5 ao minuto 55 não sabe que ele dá as horas, nem pode adivinhar isso. Não é impossível que certos fatos inexplicáveis, como a aparição da vida na terra, sejam efeitos de leis descontínuas – cujos estados sucessivos *ainda não tivemos tempo* de observar.

Acreditemos por um instante na hipótese da evolução. Um observador da época dos amonoides teriam previsto os mamíferos?

Porém, qual é o cientista da época de D'Alembert que teria previsto a eletrodinâmica de Maxwell? E Maxwell, o que vem depois?

*

A pele humana separa o mundo em dois espaços.
De um lado cores, de outro dores...

*

Suponha que o homem é obrigado a ganhar sua vida cotidiana sem ter lazer, segurança ou hábitos. Assim desaparece qualquer noção de obra, de criatura privilegiada, de destino único que deve ser cumprido. Tudo isso é portanto posterior à aquisição de *reservas*, à garantia do amanhã, do capital acumulado. É preciso que o tempo e os recursos superabundem para ser filho de Deus, adotado das Musas, personalidade, para ser alguém, e não *o brinquedo do instante*.

Os maus momentos, os mal-estares, a dispneia e a ansiedade nos colocam no estado de ganhar ou de proteger nossa vida não mais de cada dia, mas de cada minuto. Ora, *quanto mais pensamento*, mais atos não reflexos – mas uma luta, uma agonia, uma vida por instantes, sem horizonte, sem independência de suas condições instantâneas.

*

O Homo permanece de pé.

Copula, em toda estação, face a face.

Tem o polegar opositor. Onívoro. Capaz de atenção, até a objetos ausentes.

Sob o nome de pensamento, reflexão, obsessões etc., ele pode sonhar duravelmente durante a vigília, combinar seus sonhos com suas percepções, tirar disso projetos de atos, coordenações de movimentos, uma espécie de reorganização dos instintos, dos desejos, etc.

Ele modifica o ambiente. Acumula, conserva, prevê, inova. Tem os meios de alcançar...

*

A invenção ou introdução do *futuro* é uma notável utilização do sonho. A do tempo é uma utilização e organização da faculdade de separação – ou de divisão das atividades.

O *futuro natural* se encontra em todos os instintos e em todas as modificações fisiológicas que se comunicam proximamente, como as fases da digestão, da gestação, do crescimento, em todos os estados do vivo que têm um *sentido*, que chegam a um termo.

R

O homem está sobre a cruz de seu corpo. Sua cabeça sobrecarregada é perfurada pelos espinhos profundos de sua coroa de pensamentos.

*

Há algo *em* nós – ou melhor, algum olhar *de* nós, para o qual a morte significa apenas um acontecimento estrangeiro.
Ela só ganha valor se esse pensamento age antes sobre o conhecimento – alterando a faculdade mesma de conhecer.

*

O que há de mais triste na morte é a incapacidade de abolir seu *valor de oposição* à vida, da qual ela é uma propriedade tão inseparável quanto a reprodução.

*

A morte é um ato do coração.

*

A morte pode oferecer dois sentimentos opostos: ou levar a pensar que morrer é tornar-se o mais vulnerável dos seres, indefeso contra o desconhecido; ou ainda que é tornar-se invulnerável, subtraído a todos os males possíveis.
Em quase todos, esses dois sentimentos existem e se alternam. A vida é passada temendo-se ou desejando-se a morte.

*

A vida voa de corpo em corpo, acossada por sua breve duração, como um pássaro perseguido, que, de galho em galho, foge de sua trêmula fragilidade.

*

Mesmo diante de si mesmo, de seu corpo, de seu eu e daquilo que o define mais diretamente, o homem se coloca naturalmente na atitude de explorador, de ana-

lisador, de modificador. Faz-se desconhecido. Tateia-
-se. Age sobre seu ser. Somente se enxerga em parte,
é desigualmente familiarizado com as regiões de sua
superfície, faz descobertas.
Há um *Gnóthi Seautón* desse domínio, que não é menos incompleto, acidentalmente enriquecido ou essencialmente limitado do que o outro – aquele em que
Sócrates tateia e se perde.

*

A saúde é o estado no qual as funções necessárias se
realizam sem que se perceba ou com prazer.

*

Uns vendiam o cadáver aos anatomistas; outros, a
alma ao diabo. Seria possível fazer um conto com um
homem que teria vendido tudo isso – duas coisas sem
grande valor contra boa moeda.
Porém, ele nunca conseguiu vender suas obras.

*

A grande união, a grande conspiração dos pobres seres vivos contra os deuses.
Mesmo o lobo e o cordeiro cerram fileiras contra a natureza maligna que os criou.

*

Deus contemplava todos os furores que há nos fracos, todas as fraquezas que se ocultam nos violentos, todas as tolices que estão nos mais inteligentes, e as vilanias dos puros e das puras…

*

Todo mundo dissimula alguma coisa para alguém, e todo mundo, algo para si mesmo.
Há portanto duas vertentes de «sinceridade».

*

A humanidade é uma soma de desumanos – de não homens. Afinal, um homem sem *outros* não é um homem. Ele ignora quase tudo que define o homem, ignora que nasceu, que morrerá, assim como ignora

seus traços. Os outros e seu destino são para nós como que espelhos.
É por isso que nos sentimos sem origem e sem fim. Nada no conhecimento indica sua extinção. Nada, pela memória, nos chega de um começo da sensação e do pensamento.

*

Tudo aquilo que é contrário à natureza e desejado pelo homem é natureza do homem.
É «divino» tudo aquilo que o despoja de sua condição – e tudo aquilo que, pelo contrário, lhe mostra sua enfermidade.

*

Metafilaxia:
Existem organismos inteligentes e organismos burros. Existem organismos do tipo *Intelligenti Pauca*, que reagem violentamente e rápido, e prematuramente – e às vezes até se defendem cedo demais, empenhando todas as suas reservas antes da parte mais forte do ataque.

*

Os maus momentos são feitos para aprender certas coisas que os outros não mostram.

Verdadeira e absolutamente maus são os momentos em que não há nada a apreender, em que não se pode apreender nada que possa ser levado ao céu da inteligência.

Entre esses momentos, há alguns que passam por bons, aos olhos do vulgo.

*

Todo estado de coisas que obriga o homem a dividir-se e a lutar contra si mesmo é mau, condenado.

O pesadelo é o tipo mesmo disso – o estado de sonho ruim.

Porém, esse estado é também aquele que se encontra no caminho das maiores descobertas. O homem que luta contra seu sonho tende a descobrir o mundo da vigília; – (que descoberta, que acontecimento é romper com o impossível, tornar impossível todo um mundo!).

O homem se divide, mas deve enfim reunir-se de um lado ou de outro de sua divisão. É preciso que ele escolha; ou que aumente sua vontade e aceite; ou que aprofunde seu pensamento e delire por análise – que destrua um ídolo ou que construa outro.

*

A infelicidade do homem é ser um pouco mais universal do que o necessário – muito menos do que pensa.

S

Todas as investigações sobre a Arte e a Poesia tendem a tornar necessário aquilo que tem o arbitrário por essência.

*

Quem quer fazer grandes coisas deve pensar profundamente nos detalhes.

*

Um grande homem é uma relação particularmente exata entre ideias e uma execução.

*

Aquilo que é claro e compreensível e que corresponde a uma ideia límpida não produz o efeito do divino. Ao menos, sobre a imensa maioria dos homens – (o que explica muitas coisas nas artes).

São infinitamente poucos os homens capazes de associar a emoção do sublime a algo bem claro, e na medida em que esse algo é claro. E são também poucos os autores a ter obtido esse efeito.

*

TO BE ETC.

Caso se reflita tempo o bastante sobre o texto supostamente profundo de Shakespeare, aquilo que nele se encontra está longe de valer aquilo que partimos a fim de encontrar. Porém, esse texto era teatro – e basta ao teatro uma profundidade de teatro.

*

O POETA

Aquilo que Hugo imaginava dever engrandecer desmesuradamente e colocar no nível dos deuses, fica apenas ridículo.
É um mau cálculo. Quem é poeta deve confessar a poesia, admitir seu trabalho, falar de versificação – e não atribuir a si vozes misteriosas. Uma imagem, uma

rima que se revelam...

Mas poderiam os homens tolerar a poesia se ela não se julgasse uma logomancia?

*

APÓLOGO

A rã queria ficar tão gorda quanto o boi.

O começo dessa operação foi satisfatório. Antes de estourar, ela podia ter a ilusão de que engordava segundo seu programa.

Porém, outra rã queria ficar tão pequena quanto uma borboleta. Ela não podia nem mesmo começar a diminuir.

Moral: é mais fácil ficar *maior*, ou antes, sonhar com isso, do que fazer-se *menor*. Isso se vê entre os poetas e artistas que assumem cedo demais os trejeitos, as vozes grossas, o estilo empapado, o projeto sumário e as frases de efeito que os grandes homens naturalmente adotaram em sua «terceira via», e que aqueles tomam emprestado desde o começo.

Seria menos desajeitado para eles fazer o contrário, segurar firme aquilo que tentam fazer, reduzir a vontade de ter genialidade à vontade e à paciência exigidas pelo simples rigor. Passem primeiro dez anos desenhando um pé de todos os lados, e depois vocês poderão abordar o retrato de uma maçã ou de um peixe. Porém, dizem eles, é a criação por arrebatamento que me empolga… e seus prodígios. Não, é a facilidade. Se vocês se amam, tenham medo dela…

*

Se fosse preciso gravar em pedra dura em vez de escrever correndo, a literatura seria totalmente distinta. E ainda chegam a ditá-la!

*

Nada mais cômico do que a ilusão dos escritores que se gabam de sua violência, que espumam e que julgam rachar, comprimir, dilacerar, fulminar *no papel*. No máximo, não passa de um pouco de retórica: às vezes, bem divertida. Porém, quanto mais bonita, mais vã; e, quanto mais violento for, mais cômico será. São farsas mentais.

Essa ilusão é a mesma que a do romancista, que julga *criar* com palavras. A palavra mesma *criar criou* muitos delírios.

É preciso sempre pensar na condição do autor; e, por esse fingimento de seu fingimento (mas consciente, enquanto o seu não existe, ou não é suficiente), reduzi-lo às verdadeiras proporções.

Porém, quando se trata a política do mesmo jeito...

*

A *intensidade*, o mais fácil dos meios – pois não é preciso gastar mais força para escrever uma palavra mais forte do que outra; para escrever *tutti* e *fortissimo* em vez de *piano*, e *universo* em vez de *jardim*.

*

Há em Corneille coisas que, em Shakespeare, causariam desmaios. Por exemplo, os cadáveres putrefatos flutuando, no começo de *Pompeu* – e, na *Imitação*, sobre as penas infligidas aos luxuriantes no inferno, estes versos fortíssimos:

Fitarão, cruelmente atormentados,
Seus locais por prazeres titilados.

Não seria possível dizer melhor.

*

O artista leva todo seu corpo, recua, coloca e tira alguma coisa, faz com que todo o seu ser aja como seu olho, e torna-se inteiro um órgão que se acomoda, que se deforma, que procura o ponto, o ponto único que virtualmente pertence à obra profundamente buscada – que nem sempre é aquela se busca.

*

Certo poema adorável, certa fachada deslumbrante, certa maravilha suspensa que cristaliza o olhar como um lustre, é a surpresa estabilizada, apreendida... a surpresa – *surpreendida*.

*

Os homens perderam a fraqueza divina de serem chocados, feridos pela vista ou pela audição.
Onde está o arquiteto que perderia seis meses procurando a curva principal de uma forma e a passagem modulada de um plano a outro? E por que ele os procuraria se ninguém jamais perceberia aquilo que ele encontrou?

*

A arte perdeu a observação, o tempo.
Fico chocado por ver como os atores, os comediantes não procuram mais no natural. Consequência do romantismo e de seus efeitos.
Os pintores não estudam mais *infinitamente* uma mão, um caule; e os rostos, que eles representam como podem, são tratados como naturezas-mortas: *a expressão*, pelo menos desde há um século, não é mais arriscada.

*

O pintor não deve fazer o que vê, mas o que será visto.

*

USOS DA LEITURA

Esses usos dominam toda literatura.
Um dos mais importantes é dispensar de pensar.
É o que se chama de *distrair-se*.
Ler = não pensar.
Por outro lado, existe um *ler* que dá o que pensar.

*

O autor sabe demais sobre sua obra para que às vezes não omita ora dizer, ora não dizer – certa coisa, essencial de dizer ou de esconder.

*

Os autores muito raramente se interrogam: que interesse pode ter para um leitor essa linha que acabamos de escrever?

*

Às obras que fazemos, não se deve pedir mais... do que ensinar alguma coisa.

*

SOBRE A LINGUAGEM DOS DEUSES

Essa linguagem é mais difícil do que o chinês e do que a mais «simbólica» das álgebras.
É por não sabê-la que o homem ou que o ser do homem criou essas aproximações: as lágrimas, o sorriso, o suspiro, a expressão do olhar, o beijo, o abraço, a iluminação do rosto, o canto espontâneo, a dança – o ato mesmo do amor (o qual é inexplicável em intensidade e em complicações apenas pela função reprodutiva, assim como a intensidade da dor de dente é desproporcional em relação à lesão e à sua importância).
A poesia mais elevada tenta balbuciar essas coisas, e substituir essas *efusões* por expressões.
Porém, quem consegue chegar a articular todos esses atos estranhos, que representam impossibilidades de pensar, debates de mudos, começos abortados e que

se perdem em glândulas, em músculos, em mucosas? O pensamento inarticulado, abortado, recusado, irrita aquilo que pode, degrada-se em efeitos locais quase ao acaso – (pois é possível que num tempo ancestral o riso e o choro tenham servido indiferentemente de exutório para a energia que devia ser dissipada, e cuja saída tenha sido feita na sequência. É possível encontrar homens que traduzem com o riso as emoções que fazem a maioria chorar).

*

Ideal de escritor: se você quer dizer que chove, escreva: «chove».
Para isso, basta um empregado.

*

A vida literária é o tipo de vida que mais afasta das coisas da inteligência.

*

Não tenho grande opinião das obras sobre as quais temos certeza de que, bem ou mal, chegaremos à sua conclusão.
Sempre poderemos terminá-las. Falta-lhes a incerteza essencial. Não é certo que...

*

Tudo aquilo que se sabe pode servir em *tudo* o que se faz. A inteligência consiste em servir-se de tudo. Ela é portanto uma espécie... de imoralidade, e há algo criminoso no lance de Genialidade.

*

Nossa mente nada seria sem sua desordem – exceto *tacanha*.

*

Todas as vezes que o bom êxito depende apenas da ação sobre os outros em geral, é preciso muito menos para ter sucesso do que para fracassar.

*

Existe apenas uma opinião alheia que deve preocupar: a daqueles que têm um interesse apaixonado e particular às coisas que produzimos. A opinião média não tem interesse. É inevitável que ela se engane sobre as facilidades e as dificuldades de um trabalho. Se ela nos mostra alguma coisa, é apenas ela mesma.

*

Muitos raciocínios críticos levam a isto: «Eu censuro você por não ser *eu*, como *eu*, conforme a *mim*». Recuamos de horror diante dessa consequência que nos cerca de espelhos.

*

O talento de um homem é aquilo que nos falta para desprezar ou destruir o que ele fez.

*

É preciso uma imaginação potente para conceber, «realizar», que nossa obra mais querida e mesmo nosso ideal ocupam um lugar ínfimo ou nulo no universo de outra pessoa.
Nada mais fácil de admitir e mais difícil de manter presente, constante, *agindo*, em nosso pensamento.

*

A maturidade é certo máximo.
Nunca temos muita certeza de que o fruto da inteligência está na maturidade.
A inteligência nunca tem certeza de que seu fruto está no ponto.
A necessidade no homem se faz sentir em certo momento: ele tem pressa de separar-se do que se formou nele.

T

SINCERIDADE

Um homem que escreve nunca está só.
E como ser *si mesmo* quando se é dois?
Ser *sincero* é apresentar-se, estando com os outros, como aquilo que se é quando se está com si mesmo – isto é, só –, mas *nada a mais*.

*

O grande orgulho baseia-se num descontentamento permanente consigo mesmo, que é tratado como um outro, e os outros como o eu – isto é, *mal*.

*

A duração dos impérios é inversamente proporcional à atividade da inteligência do poder e de seus súditos.

*

Napoleão, vítima de suas faculdades, cuja força superava a sua própria, e que terminou por destruí-la.

*

Provérbio para os poderosos:
Se alguém te lambe as botas, coloca-o de pé antes que comece a te morder.

*

Um chefe é um homem que tem necessidade dos outros.

*

A fraqueza da força é só crer na força.

*

Uma inteligência, observando os acontecimentos na História, o enorme dispêndio de vidas, de misérias, de sofrimentos, de coisas úteis, e todas as destruições de todo tipo que elas acarretam, e considerando em seguida os resultados, pode, e até deve, imaginar que esses mesmos resultados, naquilo que tinham de desejável, poderiam ser obtidos por vias mais econômicas. *Nisso consiste seu papel de inteligência.* Mas, na verdade, é *sua própria economia* que ela busca, e ela cria para si uma simplicidade que põe no lugar da complicação inextricável das coisas mesmas. Ela crê invencivelmente que teria sido possível chegar ao mesmo ponto por um caminho totalmente diverso. Isso é absolutamente característico da inteligência, e é o princípio das críticas, dos arrependimentos – às vezes de reformas felizes...

*

Os grandes homens servem-se de tudo; mas, às vezes, pior para eles...

*

Aquilo que a história pode nos ensinar de mais seguro é que estávamos enganados sobre um ponto histórico.

*

CONTRA A NATUREZA

A existência da humanidade só é justificada por alguns resultados que ela atingiu.
Opinião não distante daquela da Igreja, do tempo em que ela falava mal da Natureza.

*

Felicidade e Justiça não são deste mundo; e quando, por acaso, elas entram nele e o atravessam, são monstros que espalham o terror, porque não são daqui. Como um homem, que amedronta todos os animais que não estão acostumados ao homem; como um animal, vindo de algum astro, nos daria medo.

*

O bom funcionamento harmonioso de um sistema de homens exige que nenhum seja nem inferior nem superior à sua tarefa.

*

Os raciocínios políticos são vãos e inevitáveis. Eles assumem o valor aparente que lhes é dado pelo acontecimento, e gostamos de acreditar que o prevemos ou que o criamos, quase como uma obra. O costume é não considerar o que vem depois: os homens de Estado mais célebres não resistem. Porém, sempre distribuímos as coisas humanas em quadros acabados, em dramas bem concluídos, em conflitos que começam e terminam, em capítulos ou em volumes. A inteligência, por sua natureza, elimina de seu olhar sobre essas grandes coisas toda sua substância de vida indefinida e de acaso, pois não há inteligência capaz daquilo de que ele é feito. Ela só pode conceber a partir do tipo de ação humana e individual, tipo esse que se dissimula sob as palavras; porém, que se trai nas formas do discurso, na lógica, nas analogias. Só conseguimos pensar, combinar, calcular, conjecturar negligenciando a maior parte daquilo que percebemos, e a totalidade daquilo que não percebemos.

*

Dá pena ver uma grande cabeça, como a de Napoleão, dedicada a coisas insignificantes, como os impérios, os acontecimentos, o troar dos canhões e da voz, crer na história, na glória, na posteridade, em César – ocupar-se de massas em movimento e da superfície dos povos... Então ele não pressentia que se tratava de algo bem diferente?

... Nada menos do que levar o homem aonde ele jamais esteve.

*

O Herói procura a catástrofe. A catástrofe faz parte do Herói. César procura Brutus; Napoleão, Santa Helena; Hércules, uma camisa... Aquiles, tal calcanhar; Napoleão, tal ilha. É preciso um açougueiro para Joana, uma chama para o inseto. Aí está como que uma lei do gênero heroico, que a história, assim como a mitologia, verificam maravilhosamente, sem interrupção.

*

Não existem fábricas de *élites*.
Mas elas não faltam…

*

Se um retrato de alguém, mostrado a vinte pessoas que conhecem o modelo, é reconhecido por nove, não reconhecido por onze, diremos que o retrato contém 9/20 de verdade, 11/20 de falsidade, ou o contrário?
Suponhamos, porém, que ninguém tenha conhecido o modelo?
Acontece então isto de maravilhoso: as pessoas mesmo assim discutirão a semelhança!
S. me jurava que o *Descartes* de Hals era a mais fiel das imagens. Não aceitava que eu duvidasse.
Ele gostava muito de história.

*

A «civilização» é perspectiva.

*

Dê-me caneta e papel – que escrevo um livro de história, ou um texto sacro, como o Corão ou os Vedas. Inventarei um rei da França, uma cosmogonia, uma moral e uma gnose. O que impedirá um ignorante ou uma criança de serem enganados por mim? Em que a imaginação que lhes suscitarei com o falso irá distinguir-se da imaginação segundo os textos autênticos?

*

«Os povos felizes não têm história».
Daí se infere que a supressão da história tornaria os povos mais felizes.
O menor olhar para os acontecimentos deste mundo chega a essa mesma conclusão. O esquecimento é a mercê que quer corromper a história.
Nada na história existe para ensinar aos humanos a possibilidade de viver em paz. O ensinamento contrário se segue dela – e recebe credibilidade.

*

Um Estado é tão mais forte quanto mais conseguir conservar nele aquilo que vive e age contra ele.

*

Em toda assembleia, aquele que fala alto ou aquele que fala bem conduzem o jogo.
Existem acontecimentos enormes que dependeram das forças da laringe.

*

A busca das «responsabilidades» diverte o povo e dispensa de fazer as coisas difíceis que ele poderia esperar ver realizadas ou resolvidas.
No mais, o povo não quer que lhe sejam poupadas palavras, noções e satisfações, produzidas e pedidas por sua simplicidade.
Pequena história da palavra *Revolução*, esse estimulante «a bom preço». O cômico de seu uso pelas autoridades, por volta de 1889.

*

A nobreza é uma propriedade mística do líquido seminal.

*

História completa, ou necessária e suficiente.
A primeira preocupação do Homem foi purgar a terra dos monstros e dos animais mais nocivos – dos quais conservou apenas os imaginários.
Em seguida, ele se ocupou de domesticar aqueles dos quais podia servir-se;
de regularizar sua subsistência, seja constituindo o rebanho que se renova automaticamente e come seu pasto entre seus passos; seja cultivando o mesmo prado;
de garantir a colaboração da vida e dos períodos de reprodução vegetal e animal para sua preservação, tendo observado que as propriedades alimentares da natureza viva são funções periódicas do tempo (a menos que ele só tenha descoberto o tempo por essas mesmas propriedades);
de compensar a diversidade dos céus e a variação das estações com o Teto, com a Veste e com o Fogo;

de criar mais regularidade ainda criando procedimentos de conservação. Papel imenso desses procedimentos (continuidades!).

Conservação material: grãos, biscoitos, salgas, reservas: *tempo ganhado*.

Conservação das observações: memória fixada, escritura, desenho.

Conservação e recuperação à vontade das emoções: poesia, música, prece etc.

Conservação de dados de estabelecimento e de atos: Medida e Número. Um número basta para restituir ao ponto Q certa pluralidade que existe no ponto P: esses pontos P e Q são de espaço ou de tempo.

Todos os seres vivos se acomodam. Porém, além disso, o homem acomoda. Dobra as coisas, opondo-se a suas leis.

Isso não basta – (aqui está o ponto singular). EU AINDA NÃO EXISTO. Vemos aparecer no homem necessidades que não dependem de sua espécie, mas que, pelo contrário, opõem-se a ela. A espécie está atualmente satisfeita. Então se cria o indivíduo: *o indivíduo é a mais estranha criação do homem*.

A desigualdade introduz-se de início entre os grupos: famílias, tribos, pelas grandes diferenças de maneiras de viver que as experiências precedentes introduziram segundo os lugares e os meios.

Esse distanciamento torna necessários efeitos de compensação: trocas entre grupos, comparações de forças, rivalidades... Daí os chefes, *os melhores*. Invenção do Poder: os músculos dos outros. Importância dos déspotas. Estética do despotismo – (a partir desse modelo, a invenção do «grande homem». – Extremos do indivíduo. – Apoteose e excesso da desigualdade).

Assim se desenvolve a história da acomodação. O ser se acomoda; ele acomoda. Tendo chegado a um estado que lhe permite lazer e superabundância de forças, esse estado engendra e permite o crescimento mesmo de suas vantagens. O indivíduo quer ter prazer, durar indefinidamente, abolir o tédio e as coisas penosas, a dor, o trabalho; poder sem cansaço e sem medida; preservar ou recuperar quando quiser os melhores momentos conhecidos, criar momentos mais deliciosos etc.

Então se observa que tudo aquilo que compõe o custo da vida é curiosamente inútil. Tudo isso satisfaz a parte de nós que consome o tempo e que roubamos ao tempo, inventando a conservação, isto é, o capital. O pão recozido permitiu olhar a Lua não apenas como um relógio de pulso muito caprichoso; graças ao tempo a perder, que localizamos na álgebra da teoria difícil desse satélite, pudemos dar-lhe um movimento bastante razoável...

O homem enfim purgará seu *núcleo pensante* dos monstros imaginários que engendrou em seus maus momentos. Haverá um Hércules para limpar suas cavalariças de ídolos, e um Teseu para livrá-lo dos geômetras. Esse Teseu será verossimilmente um biólogo? Haverá um Belerofonte que reduzirá a Morte a seu papel ingênuo, reduzindo simplesmente o indivíduo. O mito *Eu* provocará risos nas crianças do ano do Senhor 10^{100}. *Morte* e *Eu* serão homólogos do sistema Monstro e Herói de todas as mitologias possíveis.

Feito isso, o homem sente-se feliz e vira bicho.

*

A cada instante, vêm-nos à cabeça ideias de porteiros e de faxineiras.

Se não fosse assim, não poderíamos ouvir essas pessoas, nem ser ouvidos por elas. Isso é portanto um benefício.

*

A força de um homem é também sua fraqueza, e é tão mais sua fraqueza quanto mais for sua força.

*

Mulheres. – As mulheres são um misto do desejo de certa brutalidade e da exigência de atenções imensas. Elas adoram a força, mas uma força que às vezes se inclina, e um tigre que ora devora, ora faz-se tapete de beira de cama.

*

Uma mulher inteligente é uma mulher com a qual podemos ser tão bestas quanto quisermos.

*

Um homem que olhava de certa altura a grande cidade dizia a si mesmo: Vejo bem que os homens se alimentam de fumaças.

*

Pascal zombava de um jesuíta que dizia que a luz era o movimento luminar de corpos luminosos.
Esses corpos reaparecem sob o nome de fótons. O *movimento luminar* pode ser entendido no sentido de propagação ondulatória, e o jesuíta fica assim justificado. Ele bem poderia zombar de Pascal, após trezentos anos de paciência.

*

O fluxo do universo que passa por uma planta, que a incha, que a abre, que a faz crescer, que se detém nela – isto é, que perde em velocidade aquilo que ganha em variedade, em complexidade, na conservação dela mesma, a vida.

*

O mundo inteiro sopra num grão e faz dele uma árvore.

*

Uma espécie que viva no fundo do mar, que física produziria?
É um problema de física.

*

Se queres viver, também queres morrer; ou então não entendes o que é a vida.

*

EX NIHILO

Deus fez tudo a partir de nada. Mas o nada penetra.

*

DEMONOLOGIA

Os espíritos malignos são incontáveis. Quem poderia gabar-se de produzir uma lista completa? Mesmo *ten-*

tar seria um deles.

No entanto, não é irrazoável isolar e espetar alguns, como borboletas, numa cortiça. Digo *borboletas*, pois no momento só estou pensando em espécimes bem pequeninos, que recolho na imensa variedade da espécie demoníaca.

E eis aqui um já, bem observado e classificado: o da *Contradição*. Tudo o suscita. Nada se ouve sem que ele negue. Ele produz, com a voz amarga, com o sorriso envenenado, com o olhar de piedade, todo um material de sinais de insubmissão e de superioridade certa. Porém, ao contrário, seu irmão e sua vítima, o demônio da *Credulidade*, não tem sinais. Seu rosto é mole, sua voz anasalada é a de um recitador que só consegue pensar as palavras daquilo que recita, e somente quando as recita – sem conseguir distanciar-se um pouco para entendê-las. Seus olhos azuis demais nada veem e tudo refletem.

Entre os dois, apoiando um ou outro, o demônio da *Obstinação*, o célebre *Cabeça dura*, e todas as suas divisas: «*Perserverare diabolicum*», «Resistirei», «Contra tudo e contra todos».

Bem mais perversos do que estes é o triste seguidor com rosto de macaco, o demônio da *Imitação*, aquele que nos força a bocejar como qualquer outro que boceje, a tomar o ritmo do rebanho que passa, a reproduzir o timbre e o sotaque do imbecil que fala: ao fazê-lo, acreditamos zombar dele; porém, ao contrário, é ele, que macaqueamos, que nos domina e nos governa. *Quasi similis* é o nome do demônio da Imitação, e sua divisa: «*Eritis sicut aliis*». Ele desempenha o papel mais importante nas Letras e nas Artes. Ele emana ao mesmo tempo o Medo de ser si mesmo, a indigência, a rapina e a humildade, assim como a inveja... Porém, sua história natural seria infinita.

Não esqueçamos o vivo demônio da *Precipitação*, o lesto, imediato, traidor e sutil *Lapsus*, que o grande diabo do *Esquecimento* destaca de sua matilha e manda aventurar-se... *Lapsus*, o que é admirável, às vezes dispensa algum erro muito feliz, *felix culpa*: a língua tropeçou bem. Porém, ele muitas vezes escolta o terrível Espírito de Ausência, o demônio da *Distração*, que segue, como sua sombra, o da total *Perturbação*, gaguejante, balbuciante e, às vezes, subitamente, pródigo em palavras incoerentes, torrente do absurdo, o temido *Embrulhada*...

(Aqui o Filósofo pode interromper-se e arriscar uma reflexão. A existência incontestável de todos esses Malvados, Contradição, Obstinação, Imitação, Lapso, Embrulhada, ergue-se contra todo pensamento que se sente verdadeiro e seguro de si. Nossos Demônios da Mente manifestam-se em coro, proclamando: tudo pode ser contradito; tudo pode ser negado; TUDO PODE SER SUSTENTADO, DEFENDIDO; TUDO PODE SER IMITADO; TUDO PODE SER EMBRULHADO... TUDO PODE SER ESQUECIDO. Ó, Pobre Espírito!).

Deixei de lado o pálido demônio das Coisas Vagas, senhor dos seres macios, das melancolias débeis... Seu nome é *Lama d'Alma*.

Outro dia falaremos dos Anjos. Porém, os demônios não acabaram. Há exatamente tantos demônios quanto há maneiras de fracassar, de perder o Paraíso – ou a belíssima ideia que acaba de aparecer na cabeça.

BIBLIOTECA antagon!sta

1. ISAIAH BERLIN | Uma mensagem para o século XXI
2. JOSEPH BRODSKY | Sobre o exílio
3. E. M. CIORAN | Sobre a França
4. JONATHAN SWIFT | Instruções para os criados
5. **PAUL VALÉRY | Maus pensamentos & outros**
6. DANIELE GIGLIOLI | Crítica da vítima
7. GERTRUDE STEIN | Picasso
8. MICHAEL OAKESHOTT | Conservadorismo
9. SIMONE WEIL | Pela supressão dos partidos políticos
10. ROBERT MUSIL | Sobre a estupidez
11. ALFONSO BERARDINELLI | Direita e esquerda na literatura
12. JOSEPH ROTH | Judeus errantes

ISBN 978-85-92649-05-0

FONTES: **Calibri, Adobe Hebrew**
PAPEL: **Arcoprint 90 gr. 1:5**

IMPRESSÃO: **Grafiche Veneziane**
PRODUÇÃO: **Zuanne Fabris editor**

1ª edição outubro 2016
© 2016 EDITORA ÂYINÉ